영어회화
패턴
이건
기본이야

영어회화
패턴
이건
기본이야

초판 발행	2012년 07월 30일
초판 8쇄	2016년 12월 05일
저자	이충훈
발행인	이진곤
발행처	씨앤톡
등록일자	2003년 5월 22일
등록번호	제 313-2003-00192호
ISBN	978-89-6098-185-0 (13740)
주소	경기도 파주시 문발로 405(신촌동 741-2) 제2출판단지 활자마을
홈페이지	www.seentalk.co.kr
전화	02-338-0092
팩스	02-338-0097

ⓒ2012, 이충훈

본 책은 저작권법에 의해 보호를 받는 저작물이므로 무단 전재와 복제를 금합니다.

영어회화 패턴 이건 기본이야

머리말

영어회화 표현들을 무작정 외우는 것보다 기초 혹은 중급 단계에서 더 중요한 것은 바로 네이티브들이 즐겨 사용하는 대화 패턴들을 외우고 말하는 연습을 하는 것입니다. 그리고 그러한 패턴들을 아무런 기준 없이 무작정 외우기보다는 각 대화 기능별로 네이티브들이 많이 사용하는 패턴들을 분류하여 효과적으로 학습하는 것이 가장 도움이 됩니다.

예를 들어서, 본 책에서는 '배려'라는 주제 하에 아래와 같은 패턴들이 등장합니다.

> Feel free to ~ (편하게 ~하세요)
> Help yourself to ~ (~을 마음껏 드세요)

위의 패턴들을 암기한 상태라면, 상대방을 배려하는 상황에서 기계적으로 먼저 입에서 뱉은 후 다음과 같이 상황에 맞게 말을 이어서 문장을 만들어 낼 수가 있게 됩니다.

Feel free to contact me at anytime. (편하게 아무 때나 제게 연락하세요)
Feel free to use mine. (편하게 제 것을 사용하세요)

Help yourself to the wine. (와인 마음껏 드세요)
Help yourself to more potato chips. (감자튀김 마음껏 더 드세요)

본 책에서는 초, 중급 영어학습자들이 영어회화 능력을 다지기 위해서 알아두어야 할 기능 패턴들 중에서 꼭 필요하다고 볼 수 있는 150개 패턴을 다루고 있습니다. 패턴 개수가 많다고 반드시 좋은 책은 아닙니다. 오히려 한번에 너무 많은 패턴을 학습하다가 빨리 질려서 공부를 포기해 버리는 부작용이 발생하는 경우가 많습니다.

본 책을 선택하신 초, 중급 영어학습자들은 무조건 많이 공부하겠다는 부담을 떨치시기 바랍니다. 하루에 다섯 unit씩 30일에 걸쳐서 쉽게 그리고 꾸준한 반복으로 본 책의 내용을 공부를 하신다면 한 달 뒤에 놀랍게 발전한 자신의 영어실력을 발견하실 수 있을 겁니다.

이 충 훈

이 책의 구성과 특징

본 책은 대화 기능을 30가지로 분류하고 각 기능별로 5개의 패턴을 모아 두었습니다. 예를 들어, 상대방에게 감사를 전하거나 상대방에게 칭찬의 말을 건네고 싶을 때는 사전을 활용하듯이 목차에서 〈감사, 칭찬 말하기〉 Chapter를 찾아서 자신이 하고 말의 패턴을 찾아 연습할 수 있습니다.

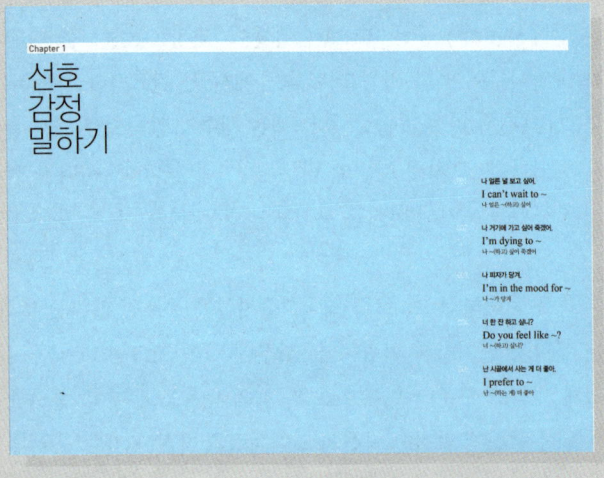

페이지의 왼쪽은 영문, 오른쪽은 한글만을 배치하여 공부한 내용을 얼마나 숙지했는지 바로 확인해 볼 수 있도록 하였습니다.

왼쪽 페이지를 중심으로 패턴을 학습한 후에, 오른쪽 페이지의 한글 문장을 보며 어떻게 문장이 만들어지는지 확인해 보세요.

Activity에는 A-B-A-B로 구성된 대화문이 실려 있습니다. 자신이 공부한 패턴 문장이 실제 대화문에서 어떻게 활용되는지 확인해 보세요. 또한, 대화문을 통해서 패턴학습으로는 배울 수 없는 다양한 회화표현들도 같이 챙겨서 외우면 학습 효과가 배가될 수 있습니다.

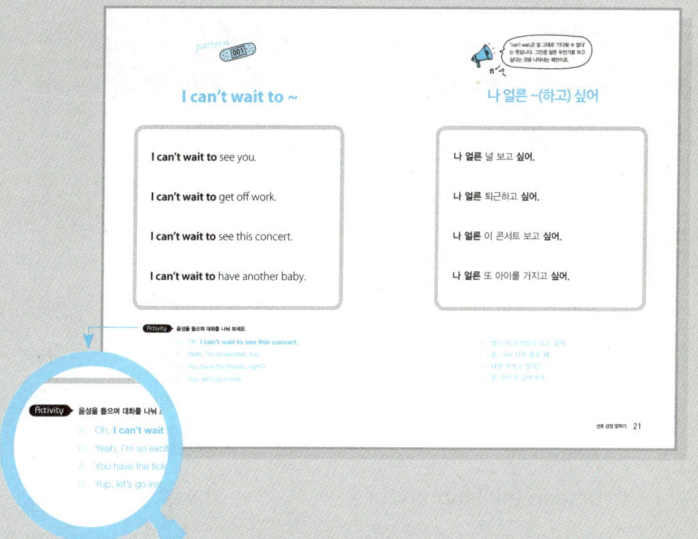

contents

Chapter 1 선호 감정 말하기

001.	I can't wait to ~	나 얼른 ~(하고) 싶어	020
002.	I'm dying to ~	나 ~(하고) 싶어 죽겠어	022
003.	I'm in the mood for ~	나 ~가 당겨	024
004.	Do you feel like ~?	너 ~(하고) 싶니?	026
005.	I prefer to ~	난 ~(하는 게) 더 좋아	028

Chapter 2 변명 · 어려움 말하기

006.	I didn't know ~	난 ~ 몰랐어	032
007.	I didn't have time to ~	난 ~(할) 시간이 없었어	034
008.	I tried to ~	나 ~하려고 했어	036
009.	I had a hard time ~	나 ~(하느라) 힘들었어	038
010.	I meant to ~	난 ~하려고 했어	040

Chapter 3 생각 · 의견 말하기

011.	I think ~	난 ~인 것 같아	044
012.	I don't think ~	(난) ~인 것 같진 않아	046
013.	I'm thinking about ~	나 ~(을) 생각 중이야	048
014.	I thought ~	난 ~(라고) 생각했어	050
015.	I've been thinking about ~	난 계속 ~(라고) 생각해 왔어	052

Chapter 4 배려하기

016.	Feel free to ~	편하게 ~ 하세요	056
017.	Help yourself to ~	~(을) 마음껏 드세요	058
018.	Is there anything ~?	~(인 게) 있나요?	060
019.	Would you like me to ~?	내가 ~해 줄까?	062
020.	Congratulations on ~!	~ 축하해!	064

Chapter 5 아는 것 묻고 답하기

021.	I know ~	난 ~ 알아	068
022.	I don't know anything about ~	난 ~에 대해 아는 게 없어	070
023.	Do you know why ~?	너 왜 ~(인지) 알아?	072
024.	I don't know how to ~	난 ~(하는) 방법을 몰라	074
025.	I know what ~	난 ~(이) 뭔지 알아	076

Chapter 6 원하는 것 말하기

026.	I want to ~	나 ~(하고) 싶어	080
027.	I don't want to ~	나 ~(하고) 싶지 않아	082
028.	I've always wanted to ~	난 항상 ~(해 보는 게) 소원이었어	084
029.	I want you to ~	난 네가 ~(하길) 바라	086
030.	I'd love to ~	나 정말 ~(하고) 싶어	088

Chapter 7 원하는 것 묻기

031.	Do you wanna ~?	너 ~(하고) 싶니?	092
032.	Do you want me to ~?	내가 ~(해) 줄까?	094
033.	Don't you wanna ~?	너 ~(하고) 싶지 않니?	096
034.	What would you like to ~?	뭘 ~(하고) 싶으세요?	098
035.	Does anyone want to ~?	~(하고) 싶은 사람 있어?	100

Chapter 8 제안하기

036.	How about ~?	~ 어때?	104
037.	Why don't you ~?	너 ~(하는) 게 어때?	106
038.	Shall we ~?	~(할)래요?	108
039.	I suggest you ~	~(하도록) 하세요	110
040.	Let's not ~	~ 하지 말자	112

Chapter 9 추측·기대하기

041.	I might be able to ~	내가 ~할 수 있을지도 몰라	116
042.	I didn't expect to ~	나 ~(할 거라고) 예상치 못했어	118
043.	I thought you'd ~	나 네가 ~할 거라 생각했어	120
044.	It could be ~	~일 수도 있어	122
045.	Something tells me ~	~(라는) 느낌이 들어	124

Chapter 10 놀라움 말하기

046.	I can't believe ~	~(라니) 믿을 수 없어	128
047.	I was surprised to ~	나 ~(해서) 놀랐어	130
048.	It's no wonder ~	~(하는 건) 당연해	132
049.	How dare you ~!	어떻게 네가 감히 ~(할 수) 있니!	134
050.	You wouldn't believe ~	넌 ~ 믿지 못할 거야	136

Chapter 11 걱정·근심 말하기

051.	I'm worried about ~	난 ~(이) 걱정돼	140
052.	I'm afraid ~	안타깝지만 ~(네요)	142
053.	I'm afraid of ~	난 ~(이) 두려워	144
054.	~ killing me	~ (때문에) 죽겠어	146
055.	Don't tell me ~	~(인 건) 설마 아니겠지	148

Chapter 12 기쁨 말하기

056.	I'm so glad ~	~(해서) 정말 기뻐	152
057.	It's a good thing ~	~(여서) 다행이야	154
058.	I love it when ~	난 ~(할) 때가 좋더라	156
059.	I'm happy with ~	난 ~(에) 만족해	158
060.	I'd be happy to ~	기꺼이 ~할게요	160

Chapter 13 짜증 · 실망 말하기

061.	I'm sick and tired of ~	난 ~(에) 신물이 나	164
062.	It pisses me off when ~	난 ~(할) 때 열 받아	166
063.	I'm disappointed ~	난 ~(에) 실망했어	168
064.	~ sucks!	~(은) 짜증나!	170
065.	I can't stand ~	난 ~(을) 참을 수가 없어	172

Chapter 14 감사 · 칭찬 말하기

066.	Thank you for ~	~해 줘서 고마워	176
067.	I appreciate ~	~ 감사드려요	178
068.	It's nice of you to ~	~해 줘서 고마워요	180
069.	I knew you could ~	난 네가 ~(할) 줄 알고 있었어	182
070.	You have a good sense of ~	넌 ~ 감각이 뛰어나구나	184

Chapter 15 사과하기

071.	Sorry for not ~	~(하지) 못해서 미안해	188
072.	I'm sorry to ~	~해서 미안해	190
073.	I'm sorry if ~	내가 ~했다면 미안해	192
074.	I'd like to apologize ~	~(을) 사과하고 싶어요	194
075.	I didn't mean to ~	나 ~하려고 했던 건 아냐	196

Chapter 16 해명하기

076.	It wasn't ~	그건 ~(이) 아니었어	200
077.	I never wanted to ~	난 결코 ~(하고) 싶진 않았어	202
078.	I had no choice but to ~	난 ~(할) 수밖에 없었어	204
079.	It's just that ~	그냥 ~(해서) 그래	206
080.	It wasn't me who ~	~(한 건) 내가 아니었어	208

Chapter 17 생각 · 의견 묻기

081.	Do you think ~?	넌 ~(라고) 생각하니?	212
082.	What's the best way to ~?	~(하는) 가장 좋은 방법이 뭐니?	214
083.	What kind of ~ do you like?	넌 어떤 ~(을) 좋아하니?	216
084.	What do you think of ~?	너 ~(을) 어떻게 생각하니?	218
085.	How do you like ~?	~ 어때(마음에 들어)?	220

Chapter 18 부탁하기

086.	Can you ~?	~ 해 줄래?	224
087.	Would you please ~?	~해 주실래요?	226
088.	Is it okay if ~?	~해도 될까요?	228
089.	Mind if ~?	~해도 괜찮을까요?	230
090.	I need you to ~	난 네가 ~해 줬으면 해	232

13

Chapter 19 요청하기

091.	May I ~?	~해도 될까요?	236
092.	Would you mind ~?	~해 주시겠습니까?	238
093.	Let me know if ~	~라면 알려 주세요	240
094.	Please don't ~	~하지 말아 주세요	242
095.	Can I help you ~?	~(하는) 것을 도와드릴까요?	244

Chapter 20 확신 · 강한 추측 말하기

096.	I'm sure ~	난 ~(라고) 확신해	248
097.	I bet ~	틀림없이 ~ 거야	250
098.	It can't be ~	~일 리가 없어	252
099.	You must be ~	당신은 분명 ~군요	254
100.	Are you sure ~?	너 ~(인 거) 확실해?	256

Chapter 21 조언 · 충고 말하기

101.	You'd better ~	너 ~(하는 게) 좋을 거야	260
102.	You should ~	너 ~해야 해	262
103.	You don't want to ~	너 ~해 봐야 후회(실망)할 거야	264
104.	You don't have to ~	너 ~(할) 필요 없어	266
105.	It's time for you to ~	너 ~(할) 때가 됐어	268

Chapter 22 의향 · 결심 말하기

106.	Are you willing to ~?	너 ~(할) 의향이 있니?	272
107.	I'll never ~	난 결코 ~하지 않을 거야	274
108.	Would you care for ~?	~하시겠어요?	276
109.	I decided not to ~	나 ~하지 않기로 결정했어	278
110.	I'm ready to ~	나 ~(할) 준비가 됐어	280

Chapter 23 계획 말하기

111.	I'm gonna ~	나 ~할 거야	284
112.	I'm not gonna ~	나 ~ 하지 않을 거야	286
113.	Aren't you supposed to ~?	너 ~해야 하는 거 아니야?	288
114.	Are you planning to ~?	너 ~할 계획이니?	290
115.	Got any plans for ~?	~ 뭐 계획 있어?	292

Chapter 24 경험 말하기

116.	Have you ever ~?	너 ~(해) 본 적 있니?	296
117.	I've never ~	난 결코 ~(해) 본 적 없어	298
118.	I've been ~	나 계속 ~(을) 해 왔어	300
119.	How long has it been since ~?	~한 지 얼마나 됐지?	302
120.	How long have you been ~?	너 얼마나 오래 ~했니?	304

Chapter 25 기대 말하기

121.	I'm looking forward to ~	난 ~(하길) 고대하고 있어	308
122.	I hope to ~	난 ~(하길) 바래(하고 싶어)	310
123.	Let's hope ~	~(이길) 바라자	312
124.	You deserve to ~	넌 ~(할) 자격이 있어	314
125.	I knew you would ~	난 네가 ~(할) 줄 알고 있었어	316

Chapter 26 소문·소식 말하기

126.	It's all over ~	~(에서) 온통 그 얘기뿐이야	320
127.	I hear ~	~(라고) 하던데	322
128.	Rumor has it ~	~(라는) 소문이 있어	324
129.	Is it true ~?	~(라는 게) 사실이니?	326
130.	People say ~	사람들이 ~(라고들) 하더군요	328

Chapter 27 상황 설명하기

131.	There's no such thing as ~	~ 같은 건 없어	332
132.	I have nothing to do with ~	난 ~와 아무 상관없어	334
133.	It turned out ~	~(라는 것이) 밝혀졌어	336
134.	He's the last person to ~	그는 절대 ~(할) 사람이 아냐	338
135.	So much for ~	~(은) 무슨!	340

Chapter 28 경고 · 금지 말하기

136.	Don't even think about ~	~(은) 생각하지도 마	344
137.	Don't you ever ~ again	다시는 ~하지 마	346
138.	You'll regret ~	너 ~ 후회하게 될 거야	348
139.	You're not allowed to ~	너 ~해서는 안 돼	350
140.	You can't just ~	너 ~하면 안 되지	352

Chapter 29 습관 말하기

141.	I usually ~	난 보통 ~해요	356
142.	I used to ~	난 예전에 ~했어	358
143.	I'm not used to ~	난 ~(이) 익숙하지 않아	360
144.	I'm getting used to ~	난 ~(에) 적응해 가고 있어	362
145.	Make it a habit to ~	~(하는) 습관을 들여	364

Chapter 30 당부 말하기

146.	Be sure to ~	꼭 ~ 하세요	368
147.	Make sure ~	~ 꼭 확인해	370
148.	Don't forget to ~	~(하는 거) 잊지 마	372
149.	Try not to ~	~하지 않도록 해 봐	374
150.	Please keep an eye on ~	~ 좀 봐 주세요	376

Chapter 1

선호
감정
말하기

001. 나 얼른 널 보고 싶어.
I can't wait to ~
나 얼른 ~(하고) 싶어

002. 나 거기에 가고 싶어 죽겠어.
I'm dying to ~
나 ~(하고) 싶어 죽겠어

003. 나 피자가 당겨.
I'm in the mood for ~
나 ~가 당겨

004. 너 한 잔 하고 싶니?
Do you feel like ~?
너 ~(하고) 싶니?

005. 난 시골에서 사는 게 더 좋아.
I prefer to ~
난 ~(하는 게) 더 좋아

I can't wait to ~

I can't wait to see you.

I can't wait to get off work.

I can't wait to see this concert.

I can't wait to have another baby.

Activity 음성을 들으며 대화를 나눠 보세요.

A Oh, **I can't wait to see this concert.**
B Yeah, I'm so excited, too.
A You have the tickets, right?
B Yup, let's go inside.

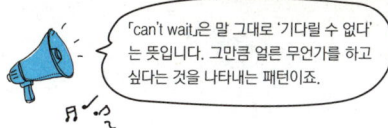

「can't wait」은 말 그대로 '기다릴 수 없다'는 뜻입니다. 그만큼 얼른 무언가를 하고 싶다는 것을 나타내는 패턴이죠.

나 얼른 ~(하고) 싶어

나 얼른 널 보고 **싶어**.

나 얼른 퇴근하고 **싶어**.

나 얼른 이 콘서트 보고 **싶어**.

나 얼른 또 아이를 가지고 **싶어**.

A 얼른 이 콘서트를 보고 싶어.
B 응, 나도 너무 흥분 돼.
A 티켓 가지고 있지?
B 응, 안으로 들어가자.

선호 감정 말하기

I'm dying to ~

I'm dying to go there.

I'm dying to meet your brother.

I'm dying to read his new novel.

I'm dying to know the truth.

Activity 음성을 들으며 대화를 나눠 보세요.

A Where are you going?
B I'm going to the Club NB.
A Oh, **I'm dying to go there**. Can I come?
B Sure!

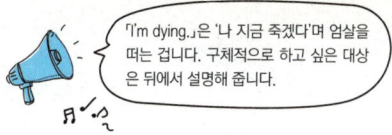

「I'm dying.」은 '나 지금 죽겠다'며 엄살을 떠는 겁니다. 구체적으로 하고 싶은 대상은 뒤에서 설명해 줍니다.

나 ~(하고) 싶어 죽겠어

나 거기에 가고 **싶어 죽겠어**.

나 네 남동생을 만나고 **싶어 죽겠어**.

나 그의 새로운 소설을 읽고 **싶어 죽겠어**.

나 진실을 알고 **싶어 죽겠어**.

A 너 어디 가는 거니?
B 클럽 NB에 가는 중이야.
A 오, 나 거기에 가고 싶어 죽겠어. 나도 가도 돼?
B 물론이지!

선호 감정 말하기

I'm in the mood for ~

I'm in the mood for pizza.

I'm in the mood for something spicy.

I'm in the mood for hot coffee.

I'm in the mood for dancing.

Activity 음성을 들으며 대화를 나눠 보세요.

A Aren't you hungry?
B Yeah, I'm starving.
A **I'm in the mood for pizza. You?**
B Me, too. Let's have pizza delivered.

「be in the mood」는 '어떠한 기분(mood)인 상태에 있다'는 말입니다. 전치사 for 뒤에 구체적으로 무엇을 먹거나 하고 싶은지 그 대상을 언급해 주면 됩니다.

나~가 당겨

나 피자가 당겨.

나 매운 게 당겨.

나 뜨거운 커피가 당겨.

나 춤이 당겨.

A 너 배고프지 않니?
B 응, 배고파 죽을 것 같아.
A 난 피자가 당겨. 넌?
B 나도 그래. 피자 시켜 먹자.

선호 감정 말하기

Do you feel like ~?

Do you feel like (having) a drink?

Do you feel like (having) a snack?

Do you feel like going for a walk?

Do you feel like taking a nap?

Activity 음성을 들으며 대화를 나눠 보세요.

A I feel queasy.
B **Do you feel like throwing up?**
A Yeah, where's the bathroom?
B It's upstairs.

「feel like」는 직역하면 '~처럼 느껴지다'란 뜻입니다. 이 뒤에 '동사 ~ing' 이하의 구문을 붙이면 '~하는 것처럼 느껴지다'가 되어 '~을 하고 싶다'라는 뜻이 됩니다.

너 ~(하고) 싶니?

너 한 잔 하고 **싶니?**

너 간식 먹고 **싶니?**

너 산책하러 가고 **싶니?**

너 낮잠 자고 **싶니?**

A 속이 메슥거려.
B 토하고 싶니?
A 응. 화장실이 어디지?
B 위층에 있어.

선호 감정 말하기

I prefer to ~

I prefer to live in the countryside.

I prefer to stand on the bus.

I prefer to hang out here.

I prefer to listen to this music.

> Activity 음성을 들으며 대화를 나눠 보세요.

A I'm full.
B Yeah, me, too.
A Why don't we go for a walk?
B **I prefer to stay at home and relax.**

「prefer」는 '(오히려) ~을 좋아하다'라는 뜻의 동사입니다. 단순히 어떤 대상이 더 좋다고 말할 때는 to 없이 「prefer + 명사」라고 하고, 어떤 행동을 하는 게 더 좋다고 말할 때는 뒤에 「to + 동사」로 덧붙여 말하면 됩니다.

난 ~(하는 게) 더 좋아

난 시골에서 사는 게 **더 좋아.**

난 버스에서 서 있는 게 **더 좋아.**

난 여기서 노는 게 **더 좋아.**

난 이 음악을 듣는 게 **더 좋아.**

A 배 불러.
B 응, 나도 그래.
A 우리 산책하러 가지 않을래?
B 난 집에 있으면서 쉬는 게 더 좋아.

Chapter 2

변명 ·
어려움
말하기

006. **난 그거 몰랐어.**
I didn't know ~
난 ~ 몰랐어

007. **난 예약할 시간이 없었어.**
I didn't have time to ~
난 ~(할) 시간이 없었어

008. **나 일찍 일어나려고 했어.**
I tried to ~
나 ~하려고 했어

009. **나 이곳 찾느라 힘들었어.**
I had a hard time ~
나 ~(하느라) 힘들었어

010. **난 돌아오려고 했어.**
I meant to ~
난 ~하려고 했어

I didn't know ~

I didn't know that.

I didn't know you called.

I didn't know it was a secret.

I didn't know she dumped you.

Activity 음성을 들으며 대화를 나눠 보세요.

A You cannot come in with your shoes on.
B You mean, I have to take my shoes off?
A Yes, we Koreans don't wear shoes inside.
B Oh, I'm sorry. **I didn't know that**.

「didn't know」는 말 그대로 '몰랐다'라는 뜻인데, 어떤 상황을 변명할 때 「I didn't know ~」 패턴을 사용하면 자신이 몰랐다는 것을 표현할 수 있습니다.

난 ~ 몰랐어

난 그거 **몰랐어.**

난 네가 전화했었다는 거 **몰랐어.**

난 그게 비밀이었다는 거 **몰랐어.**

난 그녀가 널 찼다는 거 **몰랐어.**

A 신발 신고 들어오면 안 돼.
B 신발을 벗어야 한다고?
A 응. 한국 사람들은 실내에서 신발 안 신어.
B 오. 미안. 몰랐어.

변명·어려움 말하기

I didn't have time to ~

I didn't have time to make an appointment.

I didn't have time to take a shower.

I didn't have time to dry my hair.

I didn't have time to finish my homework.

Activity 음성을 들으며 대화를 나눠 보세요.

A What's this smell?
B Sorry, **I didn't have time to take a shower**.
A You really stink!
B Deal with it. We have to finish this by 6.

사람들이 하는 변명 중에 흔한 것 중 하나가 아마도 '시간이 없어서'일 겁니다. 이를 뜻하는 패턴이 「I didn't have time to ~」입니다. 뒤에 무엇을 할 시간이 없었는지는 동사와 함께 말하면 됩니다.

난 ~(할) 시간이 없었어

난 예약할 **시간이 없었어.**

난 샤워 할 **시간이 없었어.**

난 머리 말릴 **시간이 없었어.**

난 숙제를 끝낼 **시간이 없었어.**

A 이거 무슨 냄새야?
B 미안, 샤워 할 시간이 없었어.
A 너 진짜 냄새 구리다!
B 그냥 참아! 우리 이거 6시까지 끝내야 해.

I tried to ~

I tried to get up early.

I tried to fix my computer.

I tried to meet the deadline.

I tried to solve this math problem.

Activity 음성을 들으며 대화를 나눠 보세요.

A Why were you late this morning?
B **I tried to get up early**, but I couldn't.
A Didn't you set the alarm at 7?
B I did, but it was no use.

「try」는 '노력하다'라는 뜻의 동사입니다. 긍정적인 뜻으로도 쓰이지만, 무언가를 하려고 했는데 그렇지 못했다는 '변명'의 뜻을 나타낼 때 쓰이기도 합니다.

나 ~하려고 했어

나 일찍 일어나**려고 했어**.

나 내 컴퓨터를 고치**려고 했어**.

나 마감일을 맞추**려고 했어**.

나 이 수학문제를 풀**려고 했어**.

A 오늘 아침에 왜 늦었니?
B 일찍 일어나려고 했는데 못했어.
A 자명종을 7시에 맞춰 놓지 않았어?
B 그랬는데, 소용없더라고.

변명 · 어려움 말하기

I had a hard time ~

I had a hard time finding this place.

I had a hard time persuading her.

I had a hard time getting up early.

I had a hard time buying gifts for my parents.

Activity 음성을 들으며 대화를 나눠 보세요.

A　What took you so long?
B　**I had a hard time buying gifts for my parents.**
A　So, did you get what you want?
B　No, I think I have to try other shopping malls later in the evening.

「had a hard time」은 말 그대로 '어려운 시간을 보냈다'라는 뜻입니다. 구체적으로 무엇을 하는 게 어려웠는지는 뒤에 '동사 ~ing'로 말해주면 됩니다.

나 ~(하느라) 힘들었어

나 이곳 찾느라 **힘들었어.**

나 그녀를 설득하느라 **힘들었어.**

나 일찍 일어나느라 **힘들었어.**

나 부모님을 위한 선물을 사느라 **힘들었어.**

A 왜 이렇게 오래 걸렸어?
B 부모님 선물 사느라 너무 힘들었어.
A 그래서 사고 싶은 건 샀어?
B 아니. 저녁 때 다른 쇼핑몰에 가 봐야 할 것 같아.

I meant to ~

I meant to come back.

I meant to call you.

I meant to tell you.

I meant to clean up first.

Activity 음성을 들으며 대화를 나눠 보세요.

A Wow, your room is really messy.
B I'm sorry. **I meant to clean up first**.
A It's okay. Let me help you clean up.
B Thanks.

동사 「mean」은 '의도하다'라는 뜻입니다. 즉, 「I meant to ~」는 '나는 ~하려고 의도했다'라는 뜻이 됩니다. 결과와는 다르게 생각했다고 변명할 때 쓸 수 있는 패턴입니다.

난 ~하려고 했어

난 돌아오려고 했어.

난 네게 전화하려고 했어.

난 네게 말하려고 했어.

난 먼저 청소하려고 했어.

A 와, 네 방 정말 지저분하다.
B 미안. 청소 먼저 하려고 했는데.
A 괜찮아. 내가 청소하는 거 도와줄게.
B 고마워.

Chapter 3

생각·
의견
말하기

011. 난 그가 널 좋아하는 것 같아.
I think ~
난 ~인 것 같아

012. 그가 정답을 아는 것 같진 않아.
I don't think ~
(난) ~인 것 같진 않아

013. 나 네 생각 중이야.
I'm thinking about ~
나 ~(을) 생각 중이야

014. 난 네가 날 무시한다고 생각했어.
I thought ~
난 ~(라고) 생각했어

015. 난 계속 그것에 대해 많이 생각해 왔어.
I've been thinking about ~
난 계속 ~(라고) 생각해 왔어

I think ~

I think he likes you.

I think you're right.

I think you're lying to me.

I think she's cute.

Activity 음성을 들으며 대화를 나눠 보세요.

A **I think he likes you.**
B Do you think so?
A Yup. Isn't he your type?
B Not exactly. He's cute, though.

'조심스럽게 어떤 정황상 그런 것 같다'는 자신의 생각 또는 의견을 밝힐 때 「I think ~」로 말할 수 있습니다. 뒤에 문장으로 자신이 생각하는 내용을 밝히면 됩니다.

난 ~인 것 같아

난 그가 널 좋아하는 **것 같아**.

난 네 말이 맞는 **것 같아**.

난 네가 내게 거짓말하는 **것 같아**.

난 그녀가 귀여운 **것 같아**.

A 걔가 널 좋아하는 거 같아.
B 그렇게 생각해?
A 응. 걔 네 타입이지 않아?
B 그렇진 않아. 하지만 귀엽긴 해.

I don't think ~

I don't think he knows the answer.

I don't think it's true.

I don't think it's going to work out.

I don't think it's going to rain.

Activity 음성을 들으며 대화를 나눠 보세요.

A How are things going with you and Mike?
B Well, **I don't think it's going to work out**.
A Oh, I'm sorry to hear that.
B It's okay. I'm sure I'll find my Mr. Right soon.

어떤 상황에 대해서 그렇지 않을 거라는 자신의 부정적 입장을 밝힐 때, 「I don't think ~」라고 말할 수 있습니다. 뒤에는 자신이 부정하고자 하는 내용을 문장으로 밝혀주면 됩니다.

(난) ~인 것 같진 않아

그가 정답을 아는 **것 같진 않아**.

그게 사실인 **것 같진 않아**.

잘 풀릴 **것 같진 않아**.

비가 올 **것 같진 않아**.

A 너랑 마이크는 어때?
B 그게, 잘 안 될 것 같아.
A 오, 유감이다.
B 괜찮아. 나한테 딱 맞는 남자를 곧 찾을 거야.

pattern

I'm thinking about ~

I'm thinking about you.

I'm thinking about our future.

I'm thinking about buying a car.

I'm thinking about quitting my job.

Activity 음성을 들으며 대화를 나눠 보세요.

A **I'm thinking about getting a perm**. What do you think?
B It'll look good on you.
A What if it makes me look older?
B Actually, I think it'll make you look younger.

현재 이 순간에도 무언가 또는 무엇을 할지 생각하거나 고민하고 있을 때 사용할 수 있는 패턴입니다. 전치사 「about」 대신에 「of」를 써도 관계 없습니다.

나 ~(을) 생각 중이야

나 **네 생각 중이야.**

나 **우리의 미래를 생각 중이야.**

나 **차를 살까 생각 중이야.**

나 **직장을 그만둘까 생각 중이야.**

A 나 파마할까 생각 중이야. 어떻게 생각해?
B 너한테 잘 어울릴 것 같아.
A 늙어 보이면 어쩌지?
B 내 생각엔 더 어려보일 것 같은데.

생각·의견 말하기

I thought ~

I thought you were ignoring me.

I thought you were disappointed in me.

I thought you loved horror movies.

I thought I made myself clear.

Activity 음성을 들으며 대화를 나눠 보세요.

A Jack, **I thought you already left for Sweden**.
B No, I'm leaving this Friday.
A Oh, I see. So, what are you doing here?
B I'm just hanging out with my friends. You?

과거의 어느 한 시점에서 자신이 생각한 내용을 말할 때 쓸 수 있는 패턴입니다. 「thought」 뒤에 자신이 생각했던 내용을 문장으로 덧붙여서 말하면 됩니다.

난 ~(라고) 생각했어

난 네가 날 무시한다고 **생각했어.**

난 네가 내게 실망했다고 **생각했어.**

난 네가 공포영화를 좋아한다고 **생각했어.**

난 내가 내 입장을 분명히 했다고 **생각했어.**

A 잭, 스웨덴으로 이미 떠난 줄 알았는데.
B 아냐, 이번 주 금요일에 떠나.
A 오, 그렇구나. 그럼 여기서 뭐하는 거야?
B 그냥 친구들이랑 놀고 있어. 넌?

I've been thinking about ~

I've been thinking about it a lot.

I've been thinking about living in Australia.

I've been thinking about having a cat.

I've been thinking about marrying her.

Activity ▶ 음성을 들으며 대화를 나눠 보세요.

A **I've been thinking about moving down to Jeju Island.**
B To Jeju? Why?
A The life here in Seoul is too busy. I want a more relaxed way of living.
B But what are you going to do there?

과거의 어느 시점부터 지금까지도 계속해서 무언가에 대해서 생각이나 고민해 왔음을 말할 때 쓸 수 있는 패턴입니다.

난 계속 ~(라고) 생각해 왔어

난 계속 그것에 대해 많이 **생각해 왔어**.

난 계속 호주에서 살아볼까 **생각해 왔어**.

난 계속 고양이를 길러볼까 **생각해 왔어**.

난 계속 그녀와 결혼할까 **생각해 왔어**.

A 나 제주도로 이사 갈까 생각 중이야.
B 제주도로? 왜?
A 서울에 사는 건 너무 바빠. 난 좀 느긋한 삶을 원해.
B 하지만 가서 뭐하려고?

Chapter 4
배려
하기

016. 편하게 아무거나 말씀하세요.
Feel free to ~
편하게 ~ 하세요

017. 와인 마음껏 드세요.
Help yourself to ~
~(을) 마음껏 드세요

018. 뭐 필요하신 게 있나요?
Is there anything ~?
~(인 게) 있나요?

019. 내가 너랑 함께 가 줄까?
Would you like me to ~?
내가 ~해 줄까?

020. 승진한 거 축하해!
Congratulations on ~!
~ 축하해!

Feel free to ~

Feel free to say anything.

Feel free to contact me at any time.

Feel free to look around.

Feel free to use mine.

Activity 음성을 들으며 대화를 나눠 보세요.

A Can I ask you something?
B Sure. **Feel free to ask me any questions**.
A Why did you turn down his offer?
B Because it wasn't good enough.

어떤 행동에 대해 부담을 갖거나 어려워 말고, 마음 편하게 하라고 말할 때 쓸 수 있는 패턴입니다. 말 그대로 자유롭게 행동하라는 말이지요.

편하게 ~ 하세요

편하게 아무거나 말씀**하세요**.

편하게 아무 때나 제게 연락**하세요**.

편하게 둘러보**세요**.

편하게 내 것을 쓰**세요**.

A 뭐 좀 물어 봐도 돼?
B 그럼. 아무거나 물어 봐.
A 그의 제안을 왜 거절한 거야?
B 충분히 좋지 않았거든.

Help yourself to ~

Help yourself to the wine.

Help yourself to more potato chips.

Help yourself to anything in the fridge.

Help yourself to the cookies on the table.

Activity ▶ 음성을 들으며 대화를 나눠 보세요.

A Please make yourself at home. Would you like something to drink?

B Yes, please. I'd like some coke.

A I'll bring it right away, and **help yourself to the cookies on the table**.

B Thanks.

손님을 초대하여 식사나 음료, 간식 등을 대접하면서 양에 상관없이 마음껏 들라고 말할 때 쓸 수 있는 표현입니다. 스스로 알아서 챙겨 먹으라는 표현이라고 할 수 있습니다.

~(을) 마음껏 드세요

와인 **마음껏 드세요.**

감자튀김 **마음껏 드세요.**

냉장고에 있는 것 아무거나 **마음껏 드세요.**

탁자 위에 있는 과자들 **마음껏 드세요.**

A 편하게 있어요. 뭐 마실 것 좀 드릴까요?
B 네, 콜라로 주세요.
A 금방 가져올게요. 식탁에 있는 쿠키 좀 드세요.
B 고마워요.

Is there anything ~?

Is there anything you need?

Is there anything I can help with you?

Is there anything I can do for you?

Is there anything you want to know?

Activity 음성을 들으며 대화를 나눠 보세요.

A **Is there anything I can help**?
B Oh, yes. I'm looking for a watch for my husband.
A Then, how about this one?
B It looks great. Do you have this in different color?

무언가의 존재 여부를 물을 때 「Is there ~?」 패턴을 쓸 수 있습니다. 즉, 「Is there anything ~?」은 '~인 게 있나요?'라는 뜻이 되지요. 「anything」 뒤에 구체적인 설명을 합니다.

~(인 게) 있나요?

뭐 필요하신 게 **있나요?**

제가 도와드릴 수 있는 게 **있나요?**

제가 당신을 위해서 할 수 있는 게 **있나요?**

알고 싶으신 게 **있나요?**

A 제가 도와드릴까요?
B 오, 네. 남편에게 줄 시계를 사려고요.
A 그렇다면, 이건 어떠세요?
B 멋져 보이네요. 다른 색으로도 있나요?

Would you like me to ~?

Would you like me to come with you?

Would you like me to call her?

Would you like me to drive you there?

Would you like me to get you a cab?

Activity 음성을 들으며 대화를 나눠 보세요.

A Are you thinking of buying a new car?
B Yeah, actually, I'm going to look at some cars today.
A Really? **Would you like me to come with you**?
B That would be great. I'd appreciate your opinion.

「would like to」는 '~하고 싶다'는 뜻으로, 「would like + 목적어 + to 동사」의 어순이 되어 '[목적어]가 ~하길 원하다'라는 뜻도 만들 수 있습니다. 더 나아가 「Would you like me to ~?」로 나타내어 상대방에게 '내가 ~하길 바라니?(= 내가 ~해 줄까?)'라는 배려의 뜻으로 쓸 수도 있습니다.

내가 ~해 줄까?

내가 너랑 함께 가 **줄까?**

내가 그녀에게 전화해 **줄까?**

내가 거기에 태워 **줄까?**

내가 택시 잡아 **줄까?**

A 새 차 살 생각이야?
B 응, 사실 오늘 차를 좀 보러 가려고.
A 정말? 내가 같이 가 줄까?
B 그거 좋지. 네 의견이 도움이 될 거야.

배려하기

pattern

Congratulations on ~!

Congratulations on your promotion!

Congratulations on your graduation!

Congratulations on winning the scholarship!

Congratulations on getting your driver's license!

Activity 음성을 들으며 대화를 나눠 보세요.

A Grandpa! Over here!
B Oh, Tim. **Congratulations on your graduation**!
A Thanks, and also thanks for coming!
B I heard you got a job at Google! I'm so proud of you.

상대방을 배려한다면 상대방의 즐거운 소식에 같이 축하해 주는 자세가 필요하겠죠? 노래 가사로도 쓰이듯, 「Congratulations!」는 '축하해!'라는 회화표현입니다. 전치사 「on」을 붙여서 구체적으로 축하해 주고자 하는 대상을 말하면 됩니다.

~ 축하해!

승진한 거 **축하해!**

졸업한 거 **축하해!**

장학금 탄 거 **축하해!**

운전면허 취득한 거 **축하해!**

A 할아버지! 여기요!
B 오, 팀. 졸업 축하한다!
A 감사해요. 와 주셔서 감사하고요!
B 구글에 취직했다며? 네가 너무 자랑스럽구나.

Chapter 5

아는 것 묻고 답하기

021. 난 그녀의 전화번호를 알아.
I know ~
난 ~ 알아

022. 난 음악에 대해 아는 게 없어.
I don't know anything about ~
난 ~에 대해 아는 게 없어

023. 너 왜 그녀가 일찍 떠난 건지 알아?
Do you know why ~?
너 왜 ~(인지) 알아?

024. 난 스키 타는 방법을 몰라.
I don't know how ~
난 ~(하는) 방법을 몰라

025. 난 네가 말하려는 게 뭔지 알아.
I know what ~
난 ~(이) 뭔지 알아

I know ~

I know her phone number.

I know what you mean.

I know smoking is bad.

I know he's good at cooking.

Activity 음성을 들으며 대화를 나눠 보세요.

A   What's wrong with me, Doc?
B   You're in bad shape. You must quit smoking.
A   **I know smoking is bad**, but I just can't help it.
B   You're going to kill yourself if you keep smoking like this.

자신이 무언가 알고 있음을 말할 때 사용하는 패턴입니다. 동사 「know」 뒤에는 아는 대상을 바로 언급해 주어도 되며, 어떤 상황이나 현상을 알고 있다고 말할 때는 뒤에 문장을 붙여 주면 됩니다.

난 ~ 알아

난 그녀의 전화번호를 **알아.**

난 네가 무슨 말을 하는 건지 **알아.**

난 흡연이 나쁘다는 거 **알아.**

난 그가 요리를 잘한다는 거 **알아.**

A 의사 선생님, 제가 뭐가 잘못됐나요?
B 지금 상태가 안 좋아요. 담배를 끊으셔야 해요.
A 담배가 나쁜 건 알지만, 어쩔 수가 없어요.
B 이렇게 계속 피는 건 자살행위나 다름없어요.

I don't know anything about ~

I don't know anything about music.

I don't know anything about her life.

I don't know anything about the singer.

I don't know anything about English grammar.

Activity 음성을 들으며 대화를 나눠 보세요.

A **I don't know anything about music**, but you're great.
B Thank you.
A So, um, when did you first learn to play the guitar?
B I guess I was 7.

자신이 무언가에 대해서 아는 게 아무것도 없다고 말할 때 사용할 수 있는 패턴입니다. 「I know nothing about ~」의 패턴으로 말해도 뜻은 같습니다.

난 ~에 대해 아는 게 없어

난 음악에 대해 아는 게 없어.

난 그녀의 삶에 대해 아는 게 없어.

난 그 가수에 대해 아는 게 없어.

난 영문법에 대해 아는 게 없어.

A 난 음악은 잘 모르지만, 너 정말 잘하는 거 같아.
B 고마워.
A 그런데, 기타는 언제 처음 배운 거야?
B 일곱 살 때였던 거 같아.

Do you know why ~?

Do you know why she left early?

Do you know why he's absent from school?

Do you know why she's blue?

Do you know why Tom was late for the meeting?

Activity 음성을 들으며 대화를 나눠 보세요.

A **Do you know why he's absent from school?**
B I don't have a clue.
A Why don't you give him a call?
B But I don't have his phone number.

상대방이 무엇을 아는지 물을 때 「Do you know ~?」로 말을 시작하면 됩니다. 이때 이유를 아는지 물어보고 싶다면 「why」를 붙여서 「Do you know why ~?」의 패턴으로 말합니다.

너 왜 ~(인지) 알아?

너 왜 그녀가 일찍 떠난 건지 **알아?**

너 왜 그가 학교에 결석했는지 **알아?**

너 왜 그녀가 우울한지 **알아?**

너 왜 톰이 회의에 늦었는지 **알아?**

A 걔가 학교를 왜 결석했는지 아니?
B 저도 모르겠어요.
A 전화해 보는 게 어떠니?
B 하지만 전화번호도 모르는데요.

I don't know how to ~

I don't know how to ski.

I don't know how to use a smartphone.

I don't know how to solve this problem.

I don't know how to install it.

Activity 음성을 들으며 대화를 나눠 보세요.

A   I can't open any word files.
B   I think you should install the program again.
A   But **I don't know how to install it**.
B   Just put the CD in, and It'll automatically begin.

「how to」는 '~하는 방법'이라는 뜻으로, 뒤에 동사를 붙여서 말하면 됩니다. 자신이 뭔가를 어떻게 해야 할지 방법을 모를 때 「I don't know how to ~」 패턴으로 말할 수 있습니다.

난 ~(하는) 방법을 몰라

난 스키 타는 **방법을 몰라.**

난 스마트폰 사용하는 **방법을 몰라.**

난 이 문제를 푸는 **방법을 몰라.**

난 그걸 설치하는 **방법을 몰라.**

A 워드 파일이 하나도 안 열려.
B 프로그램 다시 깔아야 할 것 같아.
A 하지만 어떻게 하는지 모르는데.
B 그냥 CD를 집어넣어. 그러면 자동으로 실행될 거야.

I know what ~

I know what you mean.

I know what you want.

I know what you're thinking.

I know what you did last summer.

Activity 음성을 들으며 대화를 나눠 보세요.

A **I know what you want**.
B Do tell.
A You want to kiss me right now.
B Was it that obvious?

내가 무엇을 알고 있는지 말할 때 사용할 수 있는 패턴입니다. 유명한 공포영화의 제목이었던 '나는 네가 지난여름에 한 일을 알고 있다' 역시 이 패턴을 써서 「I know what you did last summer.」라고 표현할 수 있습니다.

난 ~(이) 뭔지 알아

난 네가 말하려는 게 **뭔지 알아**.

난 네가 원하는 게 **뭔지 알아**.

난 네가 생각하는 게 **뭔지 알아**.

난 네가 지난여름에 했던 일이 **뭔지 알아**.

A 네가 뭘 원하는지 알아.
B 말해 봐.
A 너 지금 나한테 키스하고 싶잖아.
B 그렇게 티가 나니?

Chapter 6

원하는 것 말하기

026. 나 낮잠 자고 싶어.
I want to ~
나 ~(하고) 싶어

027. 나 이 책 읽고 싶지 않아.
I don't want to ~
나 ~(하고) 싶지 않아

028. 난 항상 거기 가 보는 게 소원이었어.
I've always wanted to ~
난 항상 ~(해 보는 게) 소원이었어

029. 난 네가 날 도와주길 바라.
I want you to ~
난 네가 ~(하길) 바라

030. 나 정말 너와 직접 만나 얘기하고 싶어.
I'd love to ~
나 정말 ~(하고) 싶어

I want to ~

I want to take a nap.

I want to take a trip to America.

I want to take a break.

I want to be friends with you.

Activity 음성을 들으며 대화를 나눠 보세요.

A   I'm too tired.
B   It's time for lunch. Let's go.
A   I don't feel like having anything. **I want to take a nap**.
B   Are you sure? Then, I'll get you something to eat.

무언가 자신이 하고 싶은 행동을 말할 때 쓸 수 있는 패턴입니다. 구체적으로 무엇을 하고 싶은지는 「to」 뒤에 동사로 말을 이어가면 됩니다. 「want to」는 발음의 편의상 줄여서 「wanna」라고 말할 수 있습니다.

나 ~(하고) 싶어

나 낮잠 자고 **싶어**.

나 미국으로 여행가고 **싶어**.

나 쉬고 **싶어**.

나 너랑 친구가 되고 **싶어**.

A 너무 피곤하다.
B 점심시간이야. 가자.
A 아무것도 먹고 싶은 생각이 없어. 그냥 낮잠이나 자고 싶어.
B 진짜? 그럼, 내가 뭐 먹을 것 좀 가져다줄게.

원하는 것 말하기

I don't want to ~

I don't want to read this book.

I don't want to sleep now.

I don't want to talk about it.

I don't want to go to work today.

Activity 음성을 들으며 대화를 나눠 보세요.

A How was the test today?
B Ugh! **I don't want to talk about it**.
A Sounds like you bombed it.
B Yeah, my mom's gonna kill me.

무언가 자신이 하고 싶지 않은 행동을 말할 때 쓸 수 있는 패턴입니다. 구체적으로 무엇을 하고 싶지 않은지는 앞의 「want to」 패턴과 같이 뒤에 동사로 말을 이어가면 됩니다.

나 ~(하고) 싶지 않아

나 이 책 읽고 **싶지 않아.**

나 지금 자고 **싶지 않아.**

나 그것에 대해 얘기하고 **싶지 않아.**

나 오늘 출근하고 **싶지 않아.**

A 오늘 시험 어땠어?
B 윽! 얘기하고 싶지도 않아.
A 망쳤나보네.
B 응, 난 엄마한테 죽었어.

원하는 것 말하기

I've always wanted to ~

I've always wanted to go there.

I've always wanted to run my own business.

I've always wanted to study Physics.

I've always wanted to do this.

Activity 음성을 들으며 대화를 나눠 보세요.

A   Jake! I haven't seen you for ages! Where have you been?
B   I've been to London on a family trip.
A   London? **I've always wanted to go there**.
B   It's a beautiful place. You should go there someday.

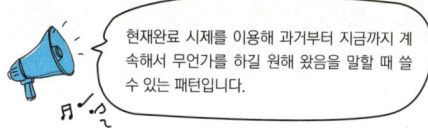

현재완료 시제를 이용해 과거부터 지금까지 계속해서 무언가를 하길 원해 왔음을 말할 때 쓸 수 있는 패턴입니다.

난 항상 ~(해 보는 게) 소원이었어

난 항상 거기 가 보는 게 **소원이었어.**

난 항상 사업을 운영하는 게 **소원이었어.**

난 항상 물리학을 공부하는 게 **소원이었어.**

난 항상 이걸 해 보는 게 **소원이었어.**

A 제이크! 너 정말 오랜만이다! 어디 갔었어?
B 가족들이랑 런던에 갔었어.
A 런던? 나도 항상 거기에 가 보고 싶었는데.
B 진짜 아름다운 곳이야. 너도 언젠가 꼭 가 봐.

I want you to ~

I want you to help me.

I want you to wait here.

I want you to go to college.

I want you to mail this letter.

Activity 음성을 들으며 대화를 나눠 보세요.

A Hey, Jenny. What's up?
B I'm going to the Cairns Mall. Wanna go with me?
A Sure. I was getting bored anyway.
B Great! **I want you to help me choose a pair of shoes**.

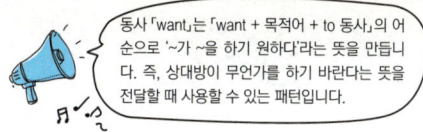

동사 「want」는 「want + 목적어 + to 동사」의 어순으로 '~가 ~을 하기 원하다'라는 뜻을 만듭니다. 즉, 상대방이 무언가를 하기 바란다는 뜻을 전달할 때 사용할 수 있는 패턴입니다.

난 네가 ~(하길) 바라

난 네가 날 도와주길 **바라**.

난 네가 여기서 기다리길 **바라**.

난 네가 대학에 가길 **바라**.

난 네가 이 편지를 붙여주길 **바라**.

A 야, 제니. 뭐해?
B 케언즈 쇼핑몰에 가려고. 너도 갈래?
A 그래. 지루해지려던 참이었어.
B 잘됐다! 나 신발 고르는 것 좀 도와줘.

원하는 것 말하기

I'd love to ~

I'd love to talk to you in person.

I'd love to meet your family.

I'd love to have lunch with you.

I'd love to spend New Year's with you.

Activity 음성을 들으며 대화를 나눠 보세요.

A **I'd love to go out with you**. but….
B But what?
A If we break up, I'm going to lose you. And I don't want that.
B I'll never break up with you. Never!

무언가를 정말 하고 싶다고 공손하게 말할 때 사용할 수 있는 패턴이 「I would love to ~」입니다. 줄여서 「I'd love to ~」라고 하지요. 동사 「love」 대신에 「like」를 써서 「I'd like to ~」 패턴으로 말해도 됩니다.

나 정말 ~(하고) 싶어

나 정말 너와 직접 만나 얘기하고 **싶어**.

나 정말 네 가족들을 만나고 **싶어**.

나 정말 너와 같이 점심 먹고 **싶어**.

나 정말 새해를 너와 함께 보내고 **싶어**.

A 나도 너랑 사귀고 싶긴 한데….
B 근데 왜?
A 우리가 헤어지면, 너를 잃게 되잖아. 그게 싫어.
B 너랑 절대 헤어지는 일 없을 거야. 절대로!

원하는 것 말하기

Chapter 7

원하는 것 묻기

031. **너 야구 보러 가고 싶니?**

Do you wanna ~?
너 ~(하고) 싶니?

032. **내가 도와줄까?**

Do you want me to ~?
내가 ~(해) 줄까?

033. **너 성공한 사람이 되고 싶지 않니?**

Don't you wanna ~?
너 ~(하고) 싶지 않니?

034. **뭘 드시고 싶으세요?**

What would you like to ~?
뭘 ~(하고) 싶으세요?

035. **자리 바꾸고 싶은 사람 있어?**

Does anyone want to ~?
~(하고) 싶은 사람 있어?

Do you wanna ~?

Do you wanna go to a baseball game?

Do you wanna leave a message?

Do you wanna know how to do this?

Do you wanna go get coffee?

Activity 음성을 들으며 대화를 나눠 보세요.

A Max, **do you wanna go get coffee**?
B I would love to.
A Cool. Let's go.
B Please wait outside. I'll go get my wallet.

상대방이 무엇을 원하는지 확인하고 싶을 때 사용할 수 있는 패턴입니다.「wanna」는「want to」의 줄임말로「Do you want to ~?」라고 말해도 됩니다.

너 ~(하고) 싶니?

너 야구 보러 가고 **싶니?**

너 메시지 남기고 **싶니?**

너 이거 어떻게 하는지 알고 **싶니?**

너 커피 마시러 가고 **싶니?**

A 맥스, 커피 마시러 갈래?
B 그래.
A 좋아, 가자.
B 밖에서 기다려줘. 지갑 가져올게.

Do you want me to ~?

Do you want me to help you?

Do you want me to teach you that song?

Do you want me to fix you a meal?

Do you want me to send it again?

Activity ▶ 음성을 들으며 대화를 나눠 보세요.

A I just got your email, but I can't download the attached file.
B **Do you want me to send it again?**
A That'll be great.
B Check your email again in a minute or two.

상대방이 나에게 원하는 행위를 직접적으로 묻고 싶을 때 사용하는 패턴입니다. 내가 무엇을 하길 바라는지에 대한 내용은 「to」 뒤에 동사 이하의 내용으로 덧붙여 주면 됩니다.

내가 ~(해) 줄까?

내가 도와**줄까?**

내가 그 노래 가르쳐 **줄까?**

내가 밥 차려 **줄까?**

내가 그거 다시 보내 **줄까?**

A 방금 네 메일 받았는데, 첨부 파일이 다운로드가 안 돼.
B 다시 보내 줄까?
A 그러면 좋고.
B 몇 분 후에 이메일 다시 확인해 봐.

Don't you wanna ~?

Don't you wanna be a successful person?

Don't you wanna know what happened that night?

Don't you wanna live forever?

Don't you wanna find out her name?

Activity 음성을 들으며 대화를 나눠 보세요.

A I like you. I wanna go out with you.

B **Don't you wanna date a girl your own age?**

A I think age doesn't matter in love.

B But I'm 10 years older than you!

'너 집에 가고 싶지 않니?', '너 그거 가지고 싶지 않니?' 등과 같이 이미 상대방의 대답이 예상되는 상황에서 이를 확인하기 위해서 사용할 수 있는 패턴입니다.

너 ~(하고) 싶지 않니?

너 성공한 사람이 되고 **싶지 않니?**

너 그날 밤 무슨 일이 있었는지 알고 **싶지 않니?**

너 영원히 살고 **싶지 않니?**

너 그녀의 이름을 알아내고 **싶지 않니?**

A 난 누나 좋아해. 누나랑 사귀고 싶어.
B 네 나이 또래 여자랑 사귀고 싶지 않아?
A 난 사랑하는 데 나이는 중요하지 않다고 생각해.
B 하지만 난 너보다 열 살이나 많다고!

What would you like to ~?

What would you like to eat?

What would you like to talk about?

What would you like to drink?

What would you like to do this Saturday?

Activity 음성을 들으며 대화를 나눠 보세요.

A **What would you like to order**, sir?
B I'll have a steak and a beer.
A How would you like your steak?
B Medium well-done, please.

상대방에게 뭘 하고 싶은지 정중하게 확인할 때 사용하는 패턴입니다. 식당과 바 등에서 종업원이 손님에게 자주 건네는 패턴 중 하나이지요.

뭘 ~(하고) 싶으세요?

뭘 드시고 **싶으세요?**

뭘 얘기하고 **싶으세요?**

뭘 마시고 **싶으세요?**

뭘 이번 주 토요일에 하고 **싶으세요?**

A 손님, 뭐로 주문하시겠어요?
B 스테이크랑 맥주 하나 주세요.
A 스테이크는 어떻게 해 드릴까요?
B 중간보다 좀 더 익혀 주세요.

원하는 것 묻기

Does anyone want to ~?

Does anyone want to switch seats?

Does anyone want to go shopping?

Does anyone want to watch 'Gossip Girl'?

Does anyone want to try this food?

Activity 음성을 들으며 대화를 나눠 보세요.

A **Does anyone want to watch 'Gossip Girl'?**
B Is it on now?
A Yup, it's the last episode of Season 3.
B Then, I'll watch it

주변에 있는 사람(들)이 무엇을 하고 싶어 하는지를 확인하고 싶을 때 사용할 수 있는 패턴입니다. 의문사 「who」를 사용한 「Who wants to ~?」 패턴 역시 같은 뜻으로 사용할 수 있습니다.

~(하고) 싶은 사람 있어?

자리 바꾸고 **싶은 사람 있어?**

쇼핑하러 가고 **싶은 사람 있어?**

'가십걸' 보고 **싶은 사람 있어?**

이 음식 시도해보고 **싶은 사람 있어?**

A '가십걸' 보고 싶은 사람 있어?
B 지금 하니?
A 응, 시즌 3 마지막 에피소드야.
B 그럼, 나 볼래.

Chapter 8

제안
하기

036. **중국 음식은 어때?**
How about ~?
~ 어때?

037. **너 지하철 타는 게 어때?**
Why don't you ~?
너 ~(하는) 게 어때?

038. **당구 한 게임 할래요?**
Shall we ~?
~(할)래요?

039. **당장 떠나도록 하세요.**
I suggest you ~
~(하도록) 하세요

040. **그 얘기는 하지 말자.**
Let's not ~
~ 하지 말자

How about ~?

How about Chinese food?

How about a drink after work?

How about going to see a movie?

How about eating out tonight?

Activity 음성을 들으며 대화를 나눠 보세요.

A Why don't we have dinner together?
B That sounds great.
A **How about Chinese food?**
B I love it!

상대방에게 직접적으로 제안할 때 사용하는 패턴입니다. 「about」 뒤에는 명사나 동사 ~ing의 형태로 제안하고 싶은 내용을 언급하면 됩니다. 「How」 대신 「What」을 써서 「What about ~?」 패턴으로 써도 괜찮습니다.

~ 어때?

중국 음식은 **어때?**

일 끝나고 한 잔 **어때?**

영화 보러 가는 거 **어때?**

오늘 밤 외식하는 거 **어때?**

A 우리 같이 저녁 먹는 게 어때?
B 그거 좋겠다.
A 중국 음식 어때?
B 좋아!

Why don't you ~?

Why don't you take the subway?

Why don't you listen to her advice?

Why don't you stay a little longer?

Why don't you join us?

Activity ▶ 음성을 들으며 대화를 나눠 보세요.

A   Got any plans for this weekend?
B   Yeah, I'm going snowboarding. **Why don't you join me**?
A   I'd love to, but I need to catch up on my sleep.
B   Well then, maybe next time.

상대방에게 '너 ~하는 게 어때?'라고 제안할 때 사용하는 패턴입니다. 주어 자리에 「you」 대신에 「we」를 넣어서 「Why don't we ~?」 패턴을 쓰게 되면 '우리 ~하는 게 어때?'라는 제안이 됩니다.

너 ~(하는) 게 어때?

너 지하철 타는 **게 어때?**

너 그녀의 충고를 듣는 **게 어때?**

너 좀 더 있다 가는 **게 어때?**

너 우리랑 함께 가는 **게 어때?**

A 이번 주말에 무슨 계획 있어?
B 응, 스노보드 타러 갈 거야. 너도 같이 갈래?
A 그러고 싶은데, 밀린 잠 좀 자야 해.
B 그래, 그러면 다음에 같이 가자.

제안하기

pattern

Shall we ~?

Shall we play a game of pool?

Shall we go Dutch?

Shall we go for a walk?

Shall we meet at 6?

Activity 음성을 들으며 대화를 나눠 보세요.

A What time shall we leave?
B How about at 7?
A No, the traffic's gonna be terrible.
B Then, **shall we leave an hour earlier**?

「shall」은 '제안·권유' 등의 뜻으로, 주로 의문문에 쓰이는 조동사입니다. 영화「Shall we dance? (춤추실래요?)」에서처럼 상대방에게 공손히 제안하거나 의향을 물을 때 쓸 수 있습니다.

~(할)래요?

당구 한 게임 할**래요?**

각자 계산 할**래요?**

산책하러 갈 할**래요?**

6시에 만날**래요?**

A 우리 몇 시에 떠날까?
B 7시 어때?
A 안 돼, 차가 엄청 막힐 거야.
B 그럼, 한 시간 일찍 출발할래?

제안하기 109

pattern

I suggest you ~

I suggest you leave immediately.

I suggest you call this number.

I suggest you go see a doctor.

I suggest you take a seat.

Activity 음성을 들으며 대화를 나눠 보세요.

A I have chronic indigestion.
B Have you seen a doctor about it?
A No, I haven't.
B Then, **I suggest you go see a doctor**.

상대방에게 충고나 제안할 때 쓸 수 있는 패턴입니다. 「I suggest you should ~」로 말해도 되지만, 보통은 「should」를 생략하고 「you」 뒤에 바로 상대방이 해야 할 내용을 동사로 덧붙여 줍니다.

~(하도록) 하세요

당장 떠나도록 **하세요.**

이 번호로 전화해 보도록 **하세요.**

병원에 가 보도록 **하세요.**

자리에 앉도록 **하세요.**

A 난 만성 소화불량이야.
B 병원에 가 봤어?
A 아니, 안 가 봤어.
B 그럼, 의사한테 가 보는 게 좋을 것 같아.

pattern

Let's not ~

Let's not talk about it.

Let's not worry about that now.

Let's not jump to conclusions.

Let's not fight about it.

Activity 음성을 들으며 대화를 나눠 보세요.

A It's too expensive here. Let's go somewhere else.
B But I really want to eat here.
A Okay, but **let's not order anything that's too expensive**.
B Okay, Mr. cheapskate.

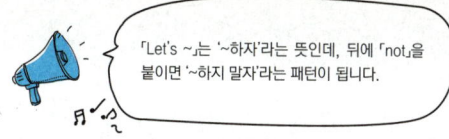

~하지 말자

그 얘기는 **하지 말자**.

그건 지금 걱정**하지 말자**.

속단**하지 말자**.

그 일에 대해서 싸우**지 말자**.

A 여기 너무 비싸. 다른 데로 가자.
B 하지만 난 여기서 먹고 싶은데.
A 알았어. 하지만 너무 비싼 건 시키지 말자.
B 그래, 이 구두쇠야.

Chapter 9
추측 · 기대하기

041. 내가 도와줄 수 있을지도 몰라.
I might be able to ~
내가 ~할 수 있을지도 몰라

042. 나 널 여기서 찾을 거라고 예상치 못했어.
I didn't expect to ~
나 ~(할 거라고) 예상치 못했어

043. 나 네가 그걸 마음에 들어 할 거라 생각했어.
I thought you'd ~
나 네가 ~할 거라 생각했어

044. 위험할 수도 있어.
It could be ~
~일 수도 있어

045. 그가 괜찮을 거란 느낌이 들어.
Something tells me ~
~(라는) 느낌이 들어

I might be able to ~

I might be able to help.

I might be able to find it for you.

I might be able to reach her on her cell.

I might be able to go to dinner with you.

Activity 음성을 들으며 대화를 나눠 보세요.

A Why don't we take a break now?
B I can't. I've got too much work to do.
A Tell me what you're doing. **I might be able to help**.
B Then, could you proofread this for me?

백 퍼센트 확실히 할 수 있다고 말하는 것이 아니라, 아마 할 수 있을지도 모른다고 말할 때 쓸 수 있는 패턴입니다. 여기서 「might」는 '~일지도 모른다'는 약한 추측을 나타내는 조동사입니다.

내가 ~할 수 있을지도 몰라

내가 도와**줄 수 있을지도 몰라.**

내가 널 위해 그걸 찾**을 수 있을지도 몰라.**

내가 그녀에게 핸드폰으로 연락**할 수 있을지도 몰라.**

내가 너와 함께 저녁 먹으러 갈 **수 있을지도 몰라.**

A 이제 우리 좀 쉬는 게 어때?
B 난 안 돼. 할 일이 너무 많아.
A 뭐하고 있는지 말해 봐. 내가 도울 수 있을지 모르잖아.
B 그렇다면, 이것 좀 교정봐 줄 수 있어?

추측·기대하기

I didn't expect to ~

I didn't expect to find you here.

I didn't expect to get such a high mark.

I didn't expect to see you here.

I didn't expect to get a letter from you.

Activity 음성을 들으며 대화를 나눠 보세요.

A　Max! What a nice surprise!
B　Lisa! **I didn't expect to see you here**.
A　Me, neither. Do you come here often?
B　Yeah, I come here for coffee every morning.

어떤 상황이나 행동이 일어날 거라고 추측·예상하거나 또는 기대하지 못했다고 말할 때 쓰는 패턴입니다. 「to」 뒤에 동사 이하로 구체적인 내용을 덧붙이면 됩니다.

나 ~(할 거라고) 예상치 못했어

나 널 여기서 찾을 거라고 **예상치 못했어.**

나 그렇게 높은 점수를 받을 거라고 **예상치 못했어.**

나 널 여기서 볼 거라고 **예상치 못했어.**

나 네게서 편지를 받을 거라고 **예상치 못했어.**

A 맥스! 이게 웬일이니!
B 리사! 여기서 널 보게 될 줄은 몰랐는데.
A 나도 그래. 너 여기 자주 오니?
B 응, 매일 아침 여기 커피 마시러 와.

추측·기대하기

I thought you'd ~

I thought you'd like it.

I thought you'd be happy to see me.

I thought you'd be at work.

I thought you'd be an ugly guy.

Activity ▶ 음성을 들으며 대화를 나눠 보세요.

A What's up, Jake? **I thought you'd be at work**.
B Well, today is my day off.
A Oh, I see. Wanna go grab a coffee?
B Sure!

상대방의 상황이나 행동을 추측할 때 쓸 수 있는 패턴입니다. 당연히 그럴 것이라고 생각했거나, 반대로 그럴 줄 알았는데 생각했던 것과 달랐을 때 모두 쓸 수 있습니다.

난 네가 ~할 거라 생각했어

난 네가 그걸 마음에 들어 **할 거라 생각했어.**

난 네가 날 보고 기뻐**할 거라 생각했어.**

난 네가 회사에 있**을 거라 생각했어.**

난 네가 못생긴 남자**일 거라 생각했어.**

A 제이크, 뭐 해? 일하러 간 줄 알았는데.
B 응, 오늘 쉬는 날이야.
A 아, 그렇구나. 커피 마시러 갈래?
B 그래!

It could be ~

It could be dangerous.

It could be anything.

It could be a sign of improvement.

It could be a lot worse.

Activity 음성을 들으며 대화를 나눠 보세요.

A Are you really gonna take that job?
B What choice do I have? Besides, it pays a lot.
A **But it could be dangerous.**
B I'm willing to take the risk.

조동사 「could」는 '~할 수 있었다'는 가능의 뜻 외에, '~일 수도 있다'는 추측의 뜻으로도 쓰입니다. 따라서 「It could be ~」 패턴은 지칭하는 대상이 추측컨대 '~일 수도 있다'는 뜻이 됩니다.

~일 수도 있어

위험할 수도 있어.

다른 어떤 것일 수도 있어.

호전되고 있다는 징후일 수도 있어.

훨씬 더 심각할 수도 있어.

A 너 그 일 진짜 할 거야?
B 내가 선택할 처지가 아니잖아. 게다가 돈도 많이 준다고.
A 하지만 위험할 수도 있잖아.
B 그 정도는 감수할 수 있어.

Something tells me ~

Something tells me he'll be okay.

Something tells me you're not telling the truth.

Something tells me he's cheating.

Something tells me this is a very special watch.

Activity 음성을 들으며 대화를 나눠 보세요.

A Tom hasn't called or emailed at all.
B Don't worry. **Something tells me he'll be okay**.
A Yeah, I really hope so.
B Now go to bed and get some sleep.

직감적으로 '~일 것 같다, ~라는 느낌이 든다'라고 말할 때 쓰는 패턴입니다. 여기서 「something」은 무엇인지 명확히는 알 수 없는 '직감 · 본능 · 육감' 같은 것을 뜻합니다.

~(라는) 느낌이 들어

그가 괜찮을 거라는 **느낌이 들어.**

네가 진실을 말하는 게 아니라는 **느낌이 들어.**

그가 바람피우고 있다는 **느낌이 들어.**

이거 아주 특별한 시계라는 **느낌이 들어.**

A 톰이 아직 전화도 없고 이메일도 없어.
B 걱정 마. 그는 괜찮을 거야.
A 응, 나도 그러길 바라.
B 이제 가서 좀 자.

추측 · 기대하기

Chapter 10

놀라움 말하기

046. 걔들이 헤어지려 한다니 믿을 수 없어!
I can't believe ~
~(라니) 믿을 수 없어

047. 나 그를 거기서 봐서 놀랐어.
I was surprised to ~
나 ~(해서) 놀랐어

048. 네가 그렇게 건강해 보이는 건 당연해.
It's no wonder ~
~(하는 건) 당연해

049. 어떻게 네가 감히 내게 그런 식으로 말할 수 있니!
How dare you ~!
어떻게 네가 감히 ~(할 수) 있니!

050. 넌 내게 무슨 일이 있었는지 믿지 못할 거야.
You wouldn't believe ~
넌 ~ 믿지 못할 거야

I can't believe ~

I can't believe they are breaking up!

I can't believe this is free!

I can't believe this happened to me!

I can't believe you won the lottery!

> Activity 음성을 들으며 대화를 나눠 보세요.

A **I can't believe they're breaking up!**
B Me, neither. They were such a cute couple.
A Yeah, they were like Angelina and Brad.
B Yeah, totally.

「I can't believe ~」는 말 그대로 '믿을 수 없다'는 뜻으로, 어떤 상황이 믿기지 않을 정도로 놀라울 때 쓰는 패턴입니다. 동사 「believe」 뒤에는 믿을 수 없는 상황을 문장으로 붙여주면 됩니다.

~(라니) 믿을 수 없어

개들이 헤어지려 한다니 **믿을 수 없어!**

이게 공짜라니 **믿을 수 없어!**

이런 일이 내게 벌어지다니 **믿을 수 없어!**

네가 로또에 당첨됐다니 **믿을 수 없어!**

A 개들이 헤어질 거라니 믿을 수 없어!
B 그러니까. 걔들 너무 귀여운 커플이었는데.
A 그러게 말이야. 걔넨 마치 안젤리나랑 브래드 같았다고.
B 맞아, 맞아.

I was surprised to ~

I was surprised to see him there.

I was surprised to hear the news.

I was surprised to get your call.

I was surprised to find him gone.

Activity 음성을 들으며 대화를 나눠 보세요.

A Thanks for coming, Mrs. Jones.
B **I was surprised to get your call**. Did Mike do something wrong?
A Well, Mike was caught smoking in the bathroom.
B Oh, no. I'm really sorry, Mr. Kim.

「be surprised」는 무언가에 의해서 '놀라다'라는 뜻입니다. 즉, 「I was surprised to ~」는 어떤 상황에 의해서 본인이 놀랐음을 설명할 때 쓸 수 있는 패턴입니다.

나 ~(해서) 놀랐어

나 그를 거기서 봐서 **놀랐어**.

나 그 소식을 듣고 **놀랐어**.

나 네 연락을 받고 **놀랐어**.

나 그가 가버린 걸 알고 **놀랐어**.

A 존스 씨, 와 주셔서 감사해요.
B 전화 받고 놀랐어요. 마이크가 뭐 잘못했나요?
A 그게, 마이크가 화장실에서 담배 피우다가 걸렸어요.
B 오, 이런. 정말 죄송합니다. 김 선생님.

놀라움 말하기

It's no wonder ~

It's no wonder you look so healthy.

It's no wonder he's mad at you.

It's no wonder she drinks every night.

It's no wonder he doesn't need to work.

Activity 음성을 들으며 대화를 나눠 보세요.

A I go for a jog every morning.
B **It's no wonder you look so healthy.**
A How about you? Do you do any sort of exercises?
B Well, I do push-ups every morning.

「wonder」는 '놀라운 일·경이'라는 뜻이 있습니다. 즉, 「It's no wonder ~」는 어떤 상황이 전혀 놀라운 일이 아니라는 뜻이 되어 '~하는 건 당연해'라고 말할 수 있습니다. 「It's」를 생략하여 「No wonder ~」라고 써도 됩니다.

~(하는 건) 당연해

네가 그렇게 건강해 보이는 건 **당연해.**

그가 네게 화가 난 건 **당연해.**

그녀가 매일 밤 술 마시는 건 **당연해.**

그가 일할 필요가 없는 건 **당연해.**

A 난 매일 아침 조깅을 해.
B 그래서 네가 그렇게 건강해 보이는구나.
A 넌? 운동 같은 거 해?
B 응, 매일 팔굽혀펴기 해.

How dare you ~ !

How dare you talk to me like that!

How dare you come in here!

How dare you call me an idiot!

How dare you do this to me!

> Activity   음성을 들으며 대화를 나눠 보세요.

A   You don't know a damn thing about it.
B   **How dare you talk to me like that**!
A   What are you gonna do? You're nothing!
B   You'd better shut your pie hole!

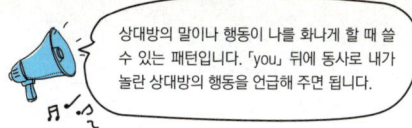

상대방의 말이나 행동이 나를 화나게 할 때 쓸 수 있는 패턴입니다. 「you」 뒤에 동사로 내가 놀란 상대방의 행동을 언급해 주면 됩니다.

어떻게 네가 감히 ~(할 수) 있니!

어떻게 네가 감히 내게 그런 식으로 말할 수 **있니!**

어떻게 네가 감히 이 안에 들어올 수 **있니!**

어떻게 네가 감히 날 바보라고 부를 수 **있니!**

어떻게 네가 감히 내게 이럴 수 **있니!**

A 그것에 대해 아는 것도 없는 주제에.
B 너 어떻게 나한테 그런 식으로 말하니!
A 그래서 어쩔 건데? 넌 아무것도 아냐.
B 너 그 입 닥치는 게 좋을 거야.

놀라움 말하기

You wouldn't believe ~

You wouldn't believe what happened to me.

You wouldn't believe who I met today.

You wouldn't believe what I saw.

You wouldn't believe how much I made last month.

Activity 음성을 들으며 대화를 나눠 보세요.

A **You wouldn't believe who I met today.** Jessica Alba!
B For real?
A Yea, She came to my shop and bought some clothes for her kids.
B Does she look better in person?

어떤 상황이 너무나 놀라워서 상대방이 믿지 못할 거라는 뜻을 나타내는 패턴입니다. 「would」는 「will」과 마찬가지로 '~할 것이다'라는 '판단 · 추측'의 뜻으로 쓰입니다.

넌 ~ 믿지 못할 거야

넌 내게 무슨 일이 있었는지 **믿지 못할 거야.**

넌 내가 오늘 누구를 만났는지 **믿지 못할 거야.**

넌 내가 본 것을 **믿지 못할 거야.**

넌 내가 지난달 얼마나 벌었는지 **믿지 못할 거야.**

A 오늘 내가 누구 만났는지 알아? 제시카 알바를 만났어!
B 정말이야?
A 응, 우리 가게에 와서 애들 옷을 사갔어.
B 실제로 보니까 더 예쁘니?

놀라움 말하기

Chapter 11
걱정·근심 말하기

051. 난 네가 걱정 돼.
I'm worried about ~
난 ~(이) 걱정돼

052. 안타깝지만 표는 환불이 안 됩니다.
I'm afraid ~
안타깝지만 ~(네요)

053. 난 높은 곳이 두려워.
I'm afraid of ~
난 ~(이) 두려워

054. 너 때문에 죽겠어.
~ killing me
~ (때문에) 죽겠어

055. 너 이거 못하겠다는 건 설마 아니겠지.
Don't tell me ~
~(인 건) 설마 아니겠지

I'm worried about ~

I'm worried about you.

I'm worried about the test.

I'm worried about losing my hair.

I'm worried about gaining the weight back.

Activity 음성을 들으며 대화를 나눠 보세요.

A **I'm worried about losing my hair**.
B If you worry, it'll only get worse.
A I know, but it's really stressing me out.
B Try scalp massages. It'll help.

「be worried」는 '걱정이 되다'라는 뜻의 동사입니다. 「I'm worried about ~」은 무언가로 인해서 걱정이 될 때 쓰는 패턴으로, 전치사 「about」 뒤에 명사나 동사 ~ing로 걱정하는 상황을 설명하면 됩니다.

난 ~(이) 걱정돼

난 네가 **걱정돼**.

난 그 시험이 **걱정돼**.

난 머리가 빠지는 게 **걱정돼**.

난 다시 몸무게가 느는 게 **걱정돼**.

A 머리가 빠져서 걱정이야.
B 걱정하면 심해지기만 할 거야.
A 알아. 하지만 정말 스트레스 받아.
B 두피 마사지를 받아 봐. 도움이 될 거야.

I'm afraid ~

I'm afraid the tickets are not refundable.

I'm afraid you arrived too late.

I'm afraid there's nothing I can do.

I'm afraid I have bad news for you.

Activity 음성을 들으며 대화를 나눠 보세요.

A **I'm afraid I have bad news for you**.
B What is it?
A Your uncle died last night.
B Oh, no. How did that happen?

어떤 상황이 안타깝거나 유감스러울 때 쓸 수 있는 패턴입니다. 「afraid」 뒤에 상대방에게 말해주기 안타깝거나 유감스러운 상황을 문장으로 덧붙여 주면 됩니다. 「I'm sorry, but ~」으로 바꿔 말할 수도 있습니다.

안타깝지만 ~(네요)

안타깝지만 표는 환불이 안 됩니다.

안타깝지만 너무 늦게 도착하셨어요.

안타깝지만 제가 할 수 있는 게 아무것도 없네요.

안타깝지만 말씀드릴 나쁜 소식이 있어요.

A 죄송하지만, 안 좋은 소식이 있어요.
B 뭔데요?
A 어젯밤에 당신 삼촌이 돌아가셨어요.
B 오 이런, 어떻게 그런 일이 생긴 거죠?

걱정·근심 말하기

I'm afraid of ~

I'm afraid of heights.

I'm afraid of losing my son.

I'm afraid of failing again.

I'm afraid of speaking in public.

Activity 음성을 들으며 대화를 나눠 보세요.

A Let's try bungee jumping.
B No, I don't wanna do that.
A Why not? It should be fun.
B No way. **I'm afraid of heights**.

뭔가가 단순히 걱정되거나 근심되는 정도를 넘어서 공포에 가까운 두려움을 느낄 때 쓸 수 있는 패턴입니다. 「of」 뒤에 무서워하는 대상을 언급하거나 무서운 상황을 동사 ~ing로 덧붙이면 됩니다.

난 ~(이) 두려워

난 높은 곳이 **두려워**.

난 내 아들을 잃을까봐 **두려워**.

난 또다시 실패할까봐 **두려워**.

난 대중 앞에서 말하는 게 **두려워**.

A 번지 점프 하자.
B 싫어. 하고 싶지 않아.
A 왜? 재미있을 거야.
B 절대 싫어. 높은 곳이 무서워.

~ killing me

You are **killing me**.

My head is **killing me**.

The suspense is **killing me**.

My feet are **killing me**.

Activity 음성을 들으며 대화를 나눠 보세요.

A **My feet are killing me**.
B Sit down, and take your shoes off.
A Why?
B You know I'm a masseur. I'll massage your feet.

무언가 굉장히 근심스럽고 고통스러울 때 '~ 때문에 죽겠어'라는 말을 합니다. 영어에서도 마찬가지로 같은 상황에서 「~ killing me」라는 패턴을 씁니다.

~ (때문에) 죽겠어

너 때문에 **죽겠어**.

머리 아파서 **죽겠어**.

떨려서 **죽겠어**.

발이 아파서 **죽겠어**.

A 발 아파 죽겠어.
B 앉아서 신발 벗어.
A 왜?
B 너 내가 마사지사인 거 알잖아. 발 마사지 해 줄게.

Don't tell me ~

Don't tell me you can't do this.

Don't tell me you believe this.

Don't tell me you're having second thoughts.

Don't tell me you left your wallet at home.

Activity 음성을 들으며 대화를 나눠 보세요.

A **Don't tell me you believe this.**
B His word is all we have.
A But it doesn't make sense!
B Whatever happens, I'll take full responsibility.

「Don't tell me.」는 보통 '내게 말하지 마'라는 뜻의 명령문이지만, 본인이 듣고 싶지 않은 내용을 뒤에 붙여서 말하면 '~인 건 설마 아니겠지?'라는 뜻의 패턴이 됩니다.

~(인 건) 설마 아니겠지

너 이거 못하겠다는 건 **설마 아니겠지**.

너 이 말을 믿는 건 **설마 아니겠지**.

너 다시 생각하고 있는 건 **설마 아니겠지**.

너 지갑을 집에 놔두고 온 건 **설마 아니겠지**.

A 너 설마 이걸 믿는 건 아니겠지.
B 우리가 가진 건 개 말밖에 없잖아.
A 하지만 말도 안 된다고!
B 무슨 일이 생기든, 내가 전적으로 책임질게.

Chapter 12

기쁨
말하기

056. 그 말 들어서 정말 기뻐.
I'm so glad ~
~(해서) 정말 기뻐

057. 내가 우산을 가져와서 다행이야.
It's a good thing ~
~(여서) 다행이야

058. 난 그가 내게 뭐 사줄 때가 좋더라.
I love it when ~
난 ~(할) 때가 좋더라

059. 난 결과에 만족해.
I'm happy with ~
난 ~(에) 만족해

060. 기꺼이 당신에게 말씀드릴게요.
I'd be happy to ~
기꺼이 ~할게요

I'm so glad ~

I'm so glad to hear that.

I'm so glad you're safe.

I'm so glad you came.

I'm so glad you changed your mind.

Activity 음성을 들으며 대화를 나눠 보세요.

A **I'm so glad you came.**
B Thank you for inviting me. This is for you.
A Oh, you shouldn't have.
B It's not a big thing.

「I'm so glad.」는 '나 너무 기뻐'라는 표현입니다. 「glad」 뒤에 「to」를 붙이거나 또는 「to」없이 문장을 붙여서 내가 기쁜 이유를 말할 수 있습니다.

~(해서) 정말 기뻐

그 말 들어서 **정말 기뻐**.

네가 무사해서 **정말 기뻐**.

네가 와 줘서 **정말 기뻐**.

네가 마음을 바꿔 줘서 **정말 기뻐**.

A 와 줘서 너무 기뻐.
B 초대해 줘서 고마워. 이거 받아.
A 오, 그럴 필요 없었는데.
B 별거 아냐.

It's a good thing ~

It's a good thing I brought an umbrella.

It's a good thing you brought an extra clothes.

It's a good thing he has a reputation.

It's a good thing we live next door to each other.

Activity ▶ 음성을 들으며 대화를 나눠 보세요.

A Look at the scenery! It's amazing!
B You know what? **It's a good thing we don't have a job**.
A Why is that?
B Because we can hang out here all day.

어떤 상황에 대해서 그것이 좋은 일이거나 또는 잘한 일이라는 기쁨을 나타내는 패턴이 바로 「It's a good thing ~」입니다. 반대로 어떤 상황이 좋지 않거나 잘한 일이 아닐 때는 「It's a bad thing ~」으로 말하면 됩니다.

~(여서) 다행이야

내가 우산을 가져와서 **다행이야.**

네가 여분의 옷을 가져와서 **다행이야.**

그가 명성이 있어서 **다행이야.**

우리가 서로 옆집에 살아서 **다행이야.**

A 풍경 좀 봐! 진짜 멋지다!
B 있잖아, 우리가 백수라는 게 좋은 거 같아.
A 왜 그런데?
B 하루 종일 여기서 놀 수 있잖아.

기쁨 말하기

I love it when ~

I love it when he buys me stuff.

I love it when you do that.

I love it when my boyfriend hugs me.

I love it when you're sassy.

Activity 음성을 들으며 대화를 나눠 보세요.

A **I love it when you smile like that**.
B You're making me blush.
A You're really cute. You know that?
B Are you hitting on me?

어떤 특정한 경우를 지정해서 그럴 때가 좋다는 말을 할 때 쓸 수 있는 패턴이 바로 「I love it when ~」입니다. 여기서 「when」은 '~할 때'란 뜻으로, 뒤에 문장을 덧붙여 내가 좋아할 때가 언제인지를 설명해 줄 수 있습니다.

난 ~(할) 때가 좋더라

난 그가 내게 뭐 사줄 **때가 좋더라.**

난 네가 그렇게 할 **때가 좋더라.**

난 내 남자친구가 날 껴안아 줄 **때가 좋더라.**

난 네가 까칠하게 굴 **때가 좋더라.**

A 네가 그렇게 웃을 때 너무 좋더라.
B 얼굴 붉어지게 왜 그래.
A 너 진짜 귀여워. 그거 알아?
B 너 지금 나한테 작업 거는 거야?

pattern

I'm happy with ~

I'm happy with the result.

I'm happy with what I've got.

I'm happy with who I am.

I'm happy with my new job.

Activity ▶ 음성을 들으며 대화를 나눠 보세요.

A Did you get the test result?
B Yeah, I got it this morning. **I'm happy with the result**.
A Sounds like you did well.
B Well, I got higher score than I expected.

「I'm happy.」는 '난 행복해'란 뜻을 나타냅니다.
뒤에 with와 함께 행복한 내용을 덧붙일 수 있죠.
의역해서 '난 ~에 만족해'라고 할 수 있습니다.

난 ~(에) 만족해

난 결과에 **만족해**.

난 내가 가진 것에 **만족해**.

난 나란 사람에 대해 **만족해**.

난 새 직장에 **만족해**.

A 시험 결과 나왔어?
B 응, 오늘 아침에. 결과에 만족해.
A 잘 봤나 보네.
B 기대했던 것보다 잘 나왔거든.

I'd be happy to ~

I'd be happy to tell you.

I'd be happy to give you a hand.

I'd be happy to answer your questions.

I'd be happy to cooperate.

Activity 음성을 들으며 대화를 나눠 보세요.

A Hey, Susan. What are you doing?
B Oh, hi, Tom. I'm fixing the fences.
A If you want any help, **I'd be happy to give you a hand**.
B Thanks. I'd appreciate it.

상대방의 부탁이나 요청 등에 기꺼이 기쁘게 무언가를 하겠다고 말할 때 쓸 수 있는 패턴입니다. 여기서 「d」는 「I would」의 줄임말입니다.

기꺼이 ~할게요

기꺼이 당신에게 말씀드릴**게요**.

기꺼이 내가 거들어 줄**게요**.

기꺼이 당신의 질문들에 대답해 줄**게요**.

기꺼이 협조할**게요**.

A 야, 수잔. 뭐해?
B 오, 안녕, 톰. 울타리 고치는 중이야.
A 도움이 필요하면 내가 기꺼이 도와줄 수 있는데.
B 그렇다면 고맙지.

Chapter 13

짜증·실망 말하기

061. 난 내 일에 신물이 나.
I'm sick and tired of ~
난 ~(에) 신물이 나

062. 난 네가 그 말할 때 열 받아.
It pisses me off when ~
난 ~(할) 때 열 받아

063. 난 너한테 실망했어.
I'm disappointed ~
난 ~(에) 실망했어

064. 그 자식은 짜증나!
~ sucks!
~(은) 짜증나

065. 난 이 더위를 참을 수가 없어.
I can't stand ~
난 ~(을) 참을 수가 없어

I'm sick and tired of ~

I'm sick and tired of my job.

I'm sick and tired of your lies.

I'm sick and tired of running from creditors.

I'm sick and tired of you being late.

Activity 음성을 들으며 대화를 나눠 보세요.

A You don't look good today. What's up?
B **I'm sick and tired of my job.** I think I'm done with it.
A Are you thinking of quitting?
B Yeah, I'm going to hand in my resignation today.

어떤 사물이나 상황, 행동에 대해 정말 신물이 날 정도로 지겹고 짜증난다고 말할 때 쓰는 패턴입니다. 「I'm sick of ~」 또는 「I'm tired of ~」 패턴 역시 같은 뜻을 전달하지만 「I'm sick and tired of ~」가 좀 더 강한 싫증과 짜증을 나타냅니다.

난 ~(에) 신물이 나

난 내 일에 **신물이 나.**

난 네 거짓말에 **신물이 나.**

난 빚쟁이들로부터 도망 다니는데 **신물이 나.**

난 네가 늦는 것에 **신물이 나.**

A 너 오늘 안 좋아 보인다. 무슨 일이야?
B 내 일이 너무 지겨워. 정말 질려 버린 것 같아.
A 그만두려는 거야?
B 응, 오늘 사직서 내려고.

It pisses me off when ~

It pisses me off when you say that.

It pisses me off when he calls me that.

It pisses me off when you don't text me back.

It pisses me off when I miss the lift by a second.

Activity 음성을 들으며 대화를 나눠 보세요.

A Didn't you get my text?
B Sorry. I was too busy.
A You know what? **It pisses me off when you don't text me back**.
B Oh, give me a break. I said I was busy.

「piss + 사람 + off」는 '~을 열 받게 하다(화나게 하다)'라는 뜻으로, 어떤 특정한 상황을 콕 집어서 그 상황 때문에 열 받는다고 말할 때 「It pisses me off when ~」 패턴을 쓰면 됩니다.

난 ~(할) 때 열 받아

난 네가 그 말할 **때 열 받아.**

난 그가 날 그렇게 부를 **때 열 받아.**

난 네가 답장하지 않을 **때 열 받아.**

난 간발의 차로 엘리베이터를 놓칠 **때 열 받아.**

A 내 문자 못 받았어?
B 미안. 너무 바빴어.
A 그거 알아? 네가 답 문자 안 보내면 진짜 열 받아.
B 아, 좀 봐 줘. 바빴다고 했잖아.

I'm disappointed ~

I'm disappointed in you.

I'm disappointed in myself.

I'm disappointed to hear the news.

I'm disappointed that you didn't come to me.

Activity 음성을 들으며 대화를 나눠 보세요.

A No matter how hard I try, I can't beat him.
B You didn't even try hard. **I'm disappointed in you**.
A Well, I'm sorry if I let you down.
B I guess I was wrong about you.

「be disappointed」는 무언가에 '실망하다'라는 뜻입니다. 「disappointed」 뒤에 바로 나를 실망케 한 대상을 언급할 때는 전치사 「in」, 어떤 행동의 결과로 실망할 때는 「to 부정사」, 어떤 상황에 실망했을 때는 「that」 이하의 문장을 붙여서 말하면 됩니다.

난 ~(에) 실망했어

난 너한테 **실망했어**.

난 내 자신에게 **실망했어**.

난 그 소식을 듣고 **실망했어**.

난 네가 내게 오지 않았다는 것에 **실망했어**.

A 내가 아무리 노력해도 그를 이길 수는 없어.
B 너 그렇게 노력하지도 않았잖아. 정말 실망이야.
A 글쎄, 널 실망시켰다면 미안해.
B 내가 널 잘못 봤던 것 같다.

짜증 · 실망 말하기

pattern

~ sucks!

He **sucks**!

That movie **sucks**!

Your boyfriend **sucks**!

This music **sucks**!

Activity 음성을 들으며 대화를 나눠 보세요.

A **Your boyfriend sucks**!
B What? Why do you say that?
A I saw him the other night, and he pretended he didn't see me.
B Well, maybe he really didn't see you.

동사 「suck」은 무언가가 '짜증나다, 구리다'라는 뜻으로도 쓰입니다. 즉, 주어로 어떤 대상을 언급하고 뒤에 동사 「suck(s)」을 붙이면 그것이 짜증나고 구리다는 뜻입니다. 참고로 「suck at」은 '실력이 형편없다'라는 뜻입니다. cf) I suck at English. 난 영어가 형편없어요.

~(은) 짜증나!

그 자식은 **짜증나!**

그 영화는 **짜증나!**

네 남자친구 **짜증나!**

이 음악은 **짜증나!**

A 네 남친 구려!
B 뭐? 왜 그렇게 말하는데?
A 전날 밤에 걔 봤는데. 날 못 본 척 하더라고.
B 음. 정말 못 봤겠지.

I can't stand ~

I can't stand this heat.

I can't stand your rude behavior.

I can't stand it anymore.

I can't stand it when she cries.

Activity 음성을 들으며 대화를 나눠 보세요.

A It's really hot today.
B Yeah, it's scorching hot! **I can't stand this heat**.
A Let's go swimming after the class.
B Sounds like a great idea.

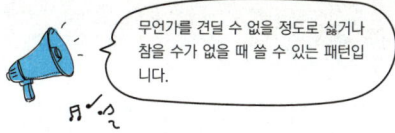

무언가를 견딜 수 없을 정도로 싫거나 참을 수가 없을 때 쓸 수 있는 패턴입니다.

난 ~(을) 참을 수가 없어

난 이 더위를 **참을 수가 없어**.

난 너의 무례한 행동을 **참을 수가 없어**.

난 더 이상 그걸 **참을 수가 없어**.

난 그녀가 울 때 **참을 수가 없어**.

A 오늘 진짜 덥다.
B 그러게. 정말 푹푹 찐다! 도저히 못 견디겠어.
A 수업 끝나고 수영하러 가자.
B 좋은 생각이야.

짜증·실망 말하기

Chapter 14

감사·칭찬 말하기

066. 시간 내 줘서 고마워.
Thank you for ~
~해 줘서 고마워

067. 그 점 매우 감사드려요.
I appreciate ~
~ 감사드려요

068. 그렇게 말해 줘서 고마워요.
It's nice of you to ~
~해 줘서 고마워요

069. 난 네가 그걸 해낼 줄 알고 있었어.
I knew you could ~
난 네가 ~(할) 줄 알고 있었어

070. 넌 패션 감각이 뛰어나구나.
You have a good sense of ~
넌 ~ 감각이 뛰어나구나

Thank you for ~

Thank you for your time.

Thank you for your compliment.

Thank you for coming.

Thank you for helping me.

Activity 음성을 들으며 대화를 나눠 보세요.

A Wow, you speak great English.
B **Thank you for your compliment**.
A Where did you pick up your English?
B As a matter of fact, I lived in the States for about 7 years.

감사하다고 말할 때 「Thank you.」라고 합니다. 이때 구체적으로 무엇에 대해서 감사한지 그 이유를 언급하고 싶을 때는 전치사 「for」를 붙여서 「Thank you for ~」라고 말하면 됩니다.

~해 줘서 고마워

시간 내 줘서 고마워.

칭찬해 줘서 고마워.

와 줘서 고마워.

나를 도와줘서 고마워.

A 와, 너 영어 진짜 잘하는구나.
B 칭찬해 주셔서 감사해요.
A 어디서 영어를 배웠니?
B 실은, 미국에서 7년 정도 살았어요.

pattern

I appreciate ~

I appreciate it very much.

I appreciate your advice.

I appreciate your help.

I appreciate your kindness.

Activity 음성을 들으며 대화를 나눠 보세요.

A Max, here are the copies you asked for.
B Oh, thanks. **I appreciate your help**.
A Don't mention it.
B I'll buy you coffee later.

상대방의 호의를 내가 인정하며 이를 감사드린다고 말할 때 쓸 수 있는 패턴입니다. 회화에서는 보통 「Thank you.」라고 말한 다음에 연이어서 「I appreciate it.」이라고 말하면서 감사의 정도를 더 깊게 전달하는 경우가 많습니다.

~ 감사드려요

그 점 매우 **감사드려요**.

충고 **감사드려요**.

도와주셔서 **감사드려요**.

친절을 베풀어 주셔서 **감사드려요**.

A 맥스, 요청한 복사본들 여기 있어.
B 오, 고마워. 도와줘서 진짜 고마워.
A 별것도 아닌데, 뭐.
B 나중에 커피 살게.

감사·칭찬 말하기

It's nice of you to ~

It's nice of you to say so.

It's nice of you to help me.

It's nice of you to see me off.

It's nice of you to ask me out to dinner.

Activity 음성을 들으며 대화를 나눠 보세요.

A You won the English speech contest? That's awesome!
B Thanks. **It's nice of you to say so.**
A What's your secret? I mean, how can you speak English so well?
B Well, I try to listen and speak English as much as I can.

상대방이 내게 어떤 친절한 행동이나 말을 할 때, '당신이 ~하는 것은 참 친절하네요'라는 뜻으로 쓸 수 있는 패턴입니다. 우리말의 좀 더 자연스러운 해석은 '~해 줘서 고마워요'가 됩니다.

~해 줘서 고마워요

그렇게 말해 **줘서 고마워요.**

절 도와**줘서 고마워요.**

절 배웅해 **줘서 고마워요.**

절 저녁식사에 초대해 **줘서 고마워요.**

A 영어 말하기 대회에서 우승했어? 와, 멋진데!
B 고마워요. 그렇게 말해 주니 좋네요.
A 비결이 뭐야? 어쩜 그렇게 영어를 잘해?
B 그게, 할 수 있는 한 많이 듣고 말하려고 노력해요.

I knew you could ~

I knew you could do it.

I knew you could find the key.

I knew you could finish it on time.

I knew you could take care of yourself.

Activity 음성을 들으며 대화를 나눠 보세요.

A I finally finished writing the report.
B Good job! **I knew you could finish it on time**.
A Thanks. I think I need a drink now.
B There are some beers in the fridge.

상대방에게 그렇게 할 줄 알고 있었다는 말로 칭찬을 건넬 때 쓸 수 있는 패턴입니다. 상대방의 가능성이나 능력을 자신은 이미 알고 있었다는 점을 강조할 때 쓰입니다.

난 네가 ~(할) 줄 알고 있었어

난 네가 그걸 해낼 **줄 알고 있었어**.

난 네가 그 열쇠를 찾아낼 **줄 알고 있었어**.

난 네가 그걸 제 시간에 끝낼 **줄 알고 있었어**.

난 네가 네 스스로를 돌볼 **줄 알고 있었어**.

A 마침내 보고서 쓰는 걸 끝냈어.
B 잘했어! 네가 시간 맞춰 끝낼 줄 알았어.
A 고마워. 술 한 잔 해야 할 거 같아.
B 냉장고에 맥주 있어.

You have a good sense of ~

You have a good sense of fashion.

You have a good sense of direction.

You have a good sense of humor.

You have a good sense of balance.

Activity 음성을 들으며 대화를 나눠 보세요.

A   I think we're lost.
B   No, we should turn right at that corner.
A   Wow, **you have a good sense of direction**.
B   I get that a lot.

상대방에게 어떤 감각이 뛰어나다고 칭찬할 때 쓸 수 있는 패턴입니다. 「a good sense of ~」는 말 그대로 '~의 좋은 감각'이라는 뜻입니다.

넌 ~ 감각이 뛰어나구나

넌 패션 **감각이 뛰어나구나.**

넌 방향 **감각이 뛰어나구나.**

넌 유머 **감각이 뛰어나구나.**

넌 균형 **감각이 뛰어나구나.**

A 우리 길 잃어버린 것 같아.
B 아냐, 저 모퉁이에서 오른쪽으로 돌면 돼.
A 와, 너 방향 감각이 뛰어나구나.
B 그런 말 많이 들어.

Chapter 15

사과
하기

071. 더 일찍 오지 못해서 미안해.
Sorry for not ~
~(하지) 못해서 미안해

072. 귀찮게 해서 미안해.
I'm sorry to ~
~해서 미안해

073. 내가 널 기분 나쁘게 했다면 미안해.
I'm sorry if ~
내가 ~했다면 미안해

074. 당신께 사과하고 싶어요.
I'd like to apologize ~
~(을) 사과하고 싶어요

075. 나 네 감정을 다치게 하려고 했던 건 아냐.
I didn't mean to ~
나 ~하려고 했던 건 아냐

Sorry for not ~

Sorry for not coming sooner.

Sorry for not calling.

Sorry for not trusting you.

Sorry for not keeping my promise.

Activity 음성을 들으며 대화를 나눠 보세요.

A Jack! I thought you wouldn't be coming.
B **Sorry for not coming sooner.**
A That's all right. Come on in.
B Thanks. You have a beautiful place.

미안하다고 말할 때는 「I'm sorry.」를 줄여서 「Sorry.」라고만 말해도 됩니다. 「Thank you for ~」 패턴에서 봤던 것처럼, 「Sorry」 역시도 뒤에 미안한 이유를 언급하고 싶을 때는 전치사 「for」와 함께 그 내용을 언급하면 됩니다.

~(하지) 못해서 미안해

더 일찍 오지 **못해서 미안해.**

전화 **못해서 미안해.**

너를 믿지 **못해서 미안해.**

약속을 지키지 **못해서 미안해.**

A 잭! 너 못 올 줄 알았는데.
B 더 일찍 못 와서 미안해.
A 괜찮아. 들어와.
B 고마워. 너희 집 예쁘다.

pattern

I'm sorry to ~

I'm sorry to bother you.

I'm sorry to call you this late.

I'm sorry to drop by like this.

I'm sorry to keep you waiting.

Activity 음성을 들으며 대화를 나눠 보세요.

A Amy! It's me, Mike.
B Mike? Do you have any idea what time it is now?
A **I'm sorry to call you this late.** But I really need to talk.
B What is it? Did something happen?

어떤 행동에 대해서 미안하다며 사과할 때 앞서 배운 「Sorry for ~」와 더불어 「I'm sorry to ~」 패턴을 써도 됩니다. 「for」 뒤에 명사나 동사 ~ing가 와야 하는 반면, 「to」 뒤에는 동사원형이 와야 합니다.

~해서 미안해

귀찮게 **해서 미안해.**

이렇게 늦게 전화**해서 미안해.**

이런 식으로 불쑥 찾아**와서 미안해.**

널 기다리게 **해서 미안해.**

A 에이미! 나야, 마이크.
B 마이크? 지금 몇 시인지 알기나 해?
A 이렇게 늦게 전화해서 미안해. 꼭 할 얘기가 있어서.
B 뭔데? 무슨 일 생겼어?

I'm sorry if~

I'm sorry if I offended you.

I'm sorry if I came at a bad time.

I'm sorry if I woke you up.

I'm sorry if I gave you the wrong impression.

> **Activity** 음성을 들으며 대화를 나눠 보세요.

A   Look, I'm married.
B   Why do you tell me that?
A   Oh, I thought you were hitting on me.
B   No, I was not. But **I'm sorry if I gave you the wrong impression**.

혹시라도 나의 행동으로 인해 피해를 줬다면 미안하다고 사과할 때 쓸 수 있는 패턴입니다. 여기서 「if」는 '~했다면'이라는 뜻으로, 뒤에 '주어 + 동사'의 문장을 연결시켜 주면 됩니다.

내가 ~(했)다면 미안해

내가 널 기분 나쁘게 했**다면 미안해.**

내가 불편한 시간에 왔**다면 미안해.**

내가 널 깨웠**다면 미안해.**

내가 널 오해하게 했**다면 미안해.**

A 이봐요, 전 결혼했어요.
B 그걸 저한테 왜 말하는데요?
A 오, 전 당신이 저한테 작업 거는 줄 알았어요.
B 아닌데요. 하지만, 제가 잘못된 인상을 줬다면 사과드리죠.

I'd like to apologize ~

I'd like to apologize to you.

I'd like to apologize for some things.

I'd like to apologize for my son's rude behavior.

I'd like to apologize for the other day.

Activity 음성을 들으며 대화를 나눠 보세요.

A **I'd like to apologize for the other day.**
B Don't worry about it.
A I really shouldn't have said that.
B It's okay. Just let it go.

정중하게 공식적으로 사과할 때 쓰는 패턴입니다. 동사 「apologize」 뒤에 사과하고자 하는 대상을 언급하고 싶을 때는 전치사 「to」, 사과하고자 하는 원인을 말하고자 할 때는 전치사 「for」, 그리고 사과하고 싶은 상황을 설명할 때는 「that」 이하의 문장을 붙이면 됩니다.

~(을) 사과하고 싶어요

당신께 **사과하고 싶어요.**

몇 가지 일에 대해서 **사과하고 싶어요.**

제 아들의 무례한 행동에 대해서 **사과하고 싶어요.**

지난 번 일에 대해서 **사과하고 싶어요.**

A 요전날 일은 제가 사과할게요.
B 그건 걱정하지 마세요.
A 제가 정말 그렇게 말하는 게 아닌데.
B 괜찮다니까요. 마음에 담아 두지 마세요.

I didn't mean to ~

I didn't mean to hurt your feelings.

I didn't mean to disturb you.

I didn't mean to embarrass you.

I didn't mean to surprise you.

Activity 음성을 들으며 대화를 나눠 보세요.

A How could you say that to me?
B I'm really sorry. **I didn't mean to hurt your feelings**.
A But you did.
B I was drunk. I wasn't thinking clearly.

이미 벌어진 상황에 대해 자신의 의도가 아니었다는 변명의 사과를 할 때 쓸 수 있는 패턴입니다. 반면에 앞에서 배웠듯이 '나 ~하려고 했어'라고 변명할 때는 「I meant to ~」로 말할 수 있습니다.

나 ~하려고 했던 건 아냐

나 네 감정을 다치게 **하려고 했던 건 아냐.**

나 널 방해**하려고 했던 건 아냐.**

나 널 당황하게 **하려고 했던 건 아냐.**

나 널 놀라게 **하려고 했던 건 아냐.**

A 너 어떻게 나한테 그렇게 말할 수 있니?
B 정말 미안해. 네 감정을 상하게 하려고 했던 건 아냐.
A 하지만 상하게 했잖아.
B 내가 취했었잖아. 제대로 생각하지 않았어.

Chapter 16

해명
하기

076. 그건 내 아이디어가 아니었어.

It wasn't ~

그건 ~(이) 아니었어

077. 난 결코 네게 상처 주고 싶진 않았어.

I never wanted to ~

난 결코 ~(하고) 싶진 않았어

078. 난 그와 헤어질 수밖에 없었어.

I had no choice but to ~

난 ~(할) 수밖에 없었어

079. 그냥 내가 그녀를 좋아하지 않아서 그래.

It's just that ~

그냥 ~(해서) 그래

080. 그 명령을 내린 건 내가 아니었어.

It wasn't me who ~

~(한 건) 내가 아니었어

It wasn't ~

It wasn't my idea.

It wasn't my decision.

It wasn't my intention.

It wasn't his fault.

Activity 음성을 들으며 대화를 나눠 보세요.

A I know you stole the money.
B You're barking up the wrong tree.
A You really didn't do it?
B I don't lie. **It wasn't me**. It was Jason.

오해나 의심을 받을 때 '그건 내 실수가 아니었어, 그건 내 잘못이 아니었어' 등과 같이 해명하기 위해 쓸 수 있는 패턴입니다.

그건 ~(이) 아니었어

그건 내 아이디어가 **아니었어.**

그건 내 결정이 **아니었어.**

그건 내 의도가 **아니었어.**

그건 그의 실수가 **아니었어.**

A 네가 돈 훔쳐간 거 다 알아.
B 너 헛다리 짚었어.
A 정말로 네가 안 했다는 거야?
B 난 거짓말 안 해. 그건 내가 아니었어. 제이슨이었어.

I never wanted to ~

I never wanted to hurt you.

I never wanted to put you through this.

I never wanted to do it in the first place.

I never wanted to see you again.

Activity ▶ 음성을 들으며 대화를 나눠 보세요.

A It was a mistake. **I never wanted to hurt you**.
B Shut up, and get the hell out of here.
A Please, Lora. Give me another chance.
B I said get the hell out!

이미 어떤 상황이 벌어졌을 때, 자신은 결코 그런 상황이나 행동을 원치 않았다고 해명하거나 변명하기 위해서 쓰는 패턴입니다.

난 결코 ~(하고) 싶진 않았어

난 결코 네게 상처 주고 **싶진 않았어**.

난 결코 네가 이 일을 겪게 하고 **싶진 않았어**.

난 결코 애초에 그걸 하고 **싶진 않았어**.

난 결코 널 다시 보고 **싶진 않았어**.

A 그건 실수였어. 난 결코 네게 상처 주고 싶진 않았어.
B 닥치고 그냥 꺼져.
A 로라, 제발. 한 번만 더 기회를 줘.
B 꺼지라고 했지!

I had no choice but to ~

I had no choice but to break up with him.

I had no choice but to accept the offer.

I had no choice but to trust them.

I had no choice but to agree.

Activity 음성을 들으며 대화를 나눠 보세요.

A **I had no choice but to break up with her**.
B I don't understand. You guys were like, born to be together.
A Well, let's just say...nothing lasts forever.
B Dude, I think you made a mistake. A big mistake.

이미 벌어진 상황에 대해서 자신은 그것 외에는 다른 선택권이 없었다는 해명이나 변명을 할 때 쓸 수 있는 패턴입니다.

난 ~(할) 수밖에 없었어

난 그와 헤어질 **수밖에 없었어**.

난 그 제안을 받아들일 **수밖에 없었어**.

난 그들을 믿을 **수밖에 없었어**.

난 동의할 **수밖에 없었어**.

A 개랑 헤어질 수밖에 없었어.
B 난 이해가 안 가. 너희 둘은 천생연분이었는데.
A 글쎄. 그냥, 아무것도 영원한 건 없다고 해 두자.
B 인마, 너 진짜 실수한 거야. 아주 큰 실수.

It's just that ~

It's just that I don't like her.

It's just that we have nothing in common.

It's just that this bag is too expensive.

It's just that I'm not used to it.

Activity 음성을 들으며 대화를 나눠 보세요.

A I feel like you don't like me.

B It's not that I don't like you. **It's just that we have nothing in common**.

A What are you talking about? We have lots of things in common.

B Like what? We both have two hands?

상대방이 뭔가를 잘못 알고 있거나 오해하고 있어서 이를 해명하거나 정정해 줄 때 쓸 수 있는 패턴입니다. 우리말로 '그냥 ~해서 그래'라는 뜻으로, 「that」뒤에 자신이 말하고자 하는 내용을 언급하면 됩니다.

그냥 ~(해서) 그래

그냥 내가 그녀를 좋아하지 않아서 **그래**.

그냥 우리가 공통점이 하나도 없어서 **그래**.

그냥 이 가방이 너무 비싸서 **그래**.

그냥 내가 그것에 익숙하지 않아서 **그래**.

A 넌 날 좋아하지 않는 것 같아.
B 널 좋아하지 않는 게 아니야. 그냥 너랑 공통점이 없는 것뿐이야.
A 무슨 말 하는 거야? 우리가 공통점이 얼마나 많은데.
B 예를 들어서 뭐? 우리가 둘 다 손이 두 개씩 있다는 거?

It wasn't me who ~

It wasn't me who gave the order.

It wasn't me who broke the window.

It wasn't me who prank called you.

It wasn't me who made the decision.

Activity 음성을 들으며 대화를 나눠 보세요.

A You broke this vase, didn't you?
B No, **it wasn't me who broke the vase**. It was Ryan.
A Are you sure about that?
B Yeah, I saw him drop it on the floor.

'창문을 깬 건 내가 아니었어', '지갑을 잃어버린 건 내가 아니었어'처럼 어떤 일을 한 사람이 자신이 아니라고 해명할 때 쓸 수 있는 패턴입니다.

~(한 건) 내가 아니었어

그 명령을 내린 건 **내가 아니었어.**

창문을 깬 건 **내가 아니었어.**

네게 장난 전화를 한 건 **내가 아니었어.**

그 결정을 내린 건 **내가 아니었어.**

A 네가 꽃병을 깼잖아. 그렇지 않아?
B 아니요, 꽃병을 깬 건 제가 아니었어요. 라이언이었어요.
A 그거 확실한 거니?
B 네, 걔가 꽃병을 바닥에 떨어뜨리는 걸 봤어요.

… Chapter 17

생각·
의견
묻기

081. **넌 내가 멍청하다고 생각하니?**

Do you think ~?
넌 ~(라고) 생각하니?

082. **거기 도착하는 가장 좋은 방법이 뭐니?**

What's the best way to ~?
~(하는) 가장 좋은 방법이 뭐니?

083. **넌 어떤 음식을 좋아하니?**

What kind of ~ do you like?
넌 어떤 ~(을) 좋아하니?

084. **너 그 영화 어떻게 생각하니?**

What do you think of ~?
너 ~(을) 어떻게 생각하니?

085. **그거 어때?**

How do you like ~?
~ 어때(마음에 들어)?

Do you think ~?

Do you think I'm stupid?

Do you think it will work?

Do you think she's going to believe you?

Do you think he's cheating on you?

Activity ▶ 음성을 들으며 대화를 나눠 보세요.

A **Do you think he's cheating on you?**
B No, I don't think so.
A But what if he does?
B Trust me. He doesn't have the guts to do so.

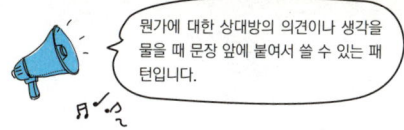

뭔가에 대한 상대방의 의견이나 생각을 물을 때 문장 앞에 붙여서 쓸 수 있는 패턴입니다.

넌 ~(라고) 생각하니?

넌 내가 멍청하다고 **생각하니?**

넌 그게 통할 거라고 **생각하니?**

넌 그녀가 네 말을 믿을 거라고 **생각하니?**

넌 그가 바람피운다고 **생각하니?**

A 걔가 바람피우고 있다고 생각하는 거야?
B 아니, 그런 거 아냐.
A 하지만 그렇다면 어떻게 해?
B 날 믿어. 걘 그럴 배짱도 없어.

pattern

What's the best way to ~?

What's the best way to get there?

What's the best way to make lots of money?

What's the best way to learn English?

What's the best way to find the cheapest flights?

Activity 음성을 들으며 대화를 나눠 보세요.

A **What's the best way to learn English?**
B Expose yourself to English as much as possible.
A You mean like, watching English TV programs and movies?
B Exactly.

상대방에게 무언가를 하는 가장 좋은 방법을 물을 때 쓸 수 있는 패턴입니다. 여기서 「way」는 '방법'이라는 뜻으로, 뒤에 「to」 이하의 내용을 수식받아 '~할 방법'이라는 뜻을 만듭니다.

~(하는) 가장 좋은 방법이 뭐니?

거기 도착하는 **가장 좋은 방법이 뭐니?**

돈을 많이 버는 **가장 좋은 방법이 뭐니?**

영어를 배우는 **가장 좋은 방법이 뭐니?**

가장 싼 비행기 표를 찾는 **가장 좋은 방법이 뭐니?**

A 영어를 배우는 가장 좋은 방법이 뭐야?
B 가능한 한 많이 영어에 노출시키는 거지.
A 영어로 하는 TV 프로그램이나 영화를 보는 것처럼 말이야?
B 그렇지.

What kind of ~ do you like?

What kind of food **do you like?**

What kind of books **do you like?**

What kind of music **do you like?**

What kind of people **do you like?**

Activity 음성을 들으며 대화를 나눠 보세요.

A **What kind of music do you like**?
B I'm into hip hop these days.
A Who's your favorite hip hop artist?
B Jay-Z. I think he's awesome.

'어떤 책을 좋아하니?', '어떤 음악을 좋아하니?' 등과 같이 상대방에게 특정 대상의 다양한 종류에 대해서 생각이나 의견을 물을 때 쓸 수 있는 패턴입니다.

넌 어떤 ~(을) 좋아하니?

넌 어떤 음식을 **좋아하니?**

넌 어떤 책들을 **좋아하니?**

넌 어떤 음악을 **좋아하니?**

넌 어떤 사람들을 **좋아하니?**

A 무슨 음악 좋아해?
B 요즘엔 힙합에 빠져있어.
A 힙합 가수 중에 누가 제일 좋은데?
B 제이 지. 멋진 것 같아.

What do you think of ~?

What do you think of the movie?

What do you think of me?

What do you think of this car?

What do you think of our new boss?

Activity 음성을 들으며 대화를 나눠 보세요.

A **What do you think of my new hair style**?
B Well, can I be honest with you?
A Yeah, sure.
B It makes you look like you're from 80s.

어떤 대상이나 사물에 대한 상대방의 느낌 또는 생각을 묻고 싶을 때 쓸 수 있는 패턴으로, 「of」 대신에 「about」을 써도 무방합니다.

너 ~(을) 어떻게 생각하니?

너 그 영화 **어떻게 생각하니?**

너 나를 **어떻게 생각하니?**

너 이 차를 **어떻게 생각하니?**

너 우리 새 상사를 **어떻게 생각하니?**

A 내 새 머리 스타일 어때?
B 음, 솔직히 말해도 돼?
A 응, 그럼.
B 80년대에서 온 것 같이 보여.

pattern

How do you like ~?

How do you like it?

How do you like this place?

How do you like my new shoes?

How do you like my tie?

Activity 음성을 들으며 대화를 나눠 보세요.

A **How do you like my shoes**?
B Cool. They look expensive, though.
A Well, I got them on sale.
B Really? How much did you pay for them?

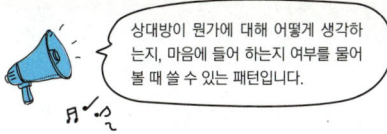

상대방이 뭔가에 대해 어떻게 생각하는지, 마음에 들어 하는지 여부를 물어볼 때 쓸 수 있는 패턴입니다.

~ 어때(마음에 들어)?

그거 **어때?**

이곳 **어때?**

내 새 신발 **어때?**

내 넥타이 **어때?**

A 내 신발 어때?
B 멋져. 비싸 보이긴 하지만.
A 세일 때 샀어.
B 정말? 얼마 주고 샀는데?

Chapter 18

부탁
하기

086. **나 좀 도와줄래?**
Can you ~?
~ 해 줄래?

087. **소금 좀 건네주실래요?**
Would you please ~?
~해 주실래요?

088. **들어가도 될까요?**
Is it okay if ~?
~해도 될까요?

089. **제가 몇 마디 해도 괜찮을까요?**
Mind if ~?
~해도 괜찮을까요?

090. **난 네가 나를 믿어줬으면 해.**
I need you to ~
난 네가 ~해 줬으면 해

Can you ~?

Can you help me?

Can you come to my birthday party?

Can you keep it down?

Can you do me a favor?

Activity 음성을 들으며 대화를 나눠 보세요.

A **Can you do me a favor?**
B Sure, what is it?
A Can you give me a ride to the bookstore?
B No problem. I'll go get my car.

상대방에게 부탁이나 요청을 할 때 쓸 수 있는 패턴입니다. 물론 「can you」는 「Can you do it?(너 그거 할 수 있어?)」처럼 상대방의 능력이나 가능 여부를 물어볼 때도 쓰입니다.

~해 줄래?

나 좀 도와**줄래?**

내 생일 파티에 와 **줄래?**

조용히 좀 해 **줄래?**

내 부탁 좀 들어**줄래?**

A 부탁 좀 들어줄 수 있어?
B 그래, 뭔데?
A 서점에 태워다 줄 수 있어?
B 문제없어. 가서 차 가져올게.

부탁하기

Would you please ~?

Would you please pass me the salt?

Would you please marry me?

Would you please come with us?

Would you please turn your head?

Activity 음성을 들으며 대화를 나눠 보세요.

A **Would you please pass me the salt?**
B Sure, here it is.
A Thanks. This Chinese noodle is really nice.
B Yeah, I think we should eat here more often.

「Can you ~?」보다 더 정중하게 상대방에게 부탁할 때 쓸 수 있는 패턴입니다. 「please」를 빼고 「Would you ~」로 말하면 딱딱함이 좀 덜해질 수 있습니다.

~해 주실래요?

소금 좀 건네**주실래요?**

저와 결혼해 **주실래요?**

저희와 함께 가 **주실래요?**

고개를 좀 돌려 **주실래요?**

A 소금 좀 건네주실래요?
B 물론이죠. 여기 있어요.
A 고마워요. 이 중국식 국수가 정말 맛있네요.
B 그러게요. 여기서 좀 더 자주 먹어야할 것 같아요.

pattern

Is it okay if ~?

Is it okay if I come in?

Is it okay if I sit here?

Is it okay if they come visit?

Is it okay if I ask where you're going?

Activity 음성을 들으며 대화를 나눠 보세요.

A Excuse me.
B Yes?
A **Is it okay if I sit here**?
B Sure, go ahead.

상대방에게 직접적으로 부탁하는 것이 아니라 자신이 무언가를 해도 되는지 여부를 조심스럽게 물어볼 때 쓸 수 있는 패턴입니다. 「okay」 대신 「all right」을 써서 말해도 됩니다.

~해도 될까요?

들어가도 **될까요?**

내가 여기 앉아**도 될까요?**

그들이 방문**해도 될까요?**

어디 가냐고 물어**도 될까요?**

A 저기요.
B 네?
A 여기 앉아도 될까요?
B 그럼요. 앉으세요.

Mind if ~?

Mind if I say a few words?

Mind if I ask you a few questions?

Mind if I look around?

Mind if I tag along?

Activity 음성을 들으며 대화를 나눠 보세요.

A **Mind if I ask you a few questions**?
B Now's not a good time. Why don't I give you a call later?
A Okay. You know my number, right?
B Yeah, sure.

상대방에게 허가를 요청할 때 쓸 수 있는 패턴입니다. 「Do you mind if ~?」가 완전한 문장형태이지만 회화에서는 「Do you」를 생략하여 「Mind if ~?」라고 말하는 경우가 많습니다.

~해도 괜찮을까요?

제가 몇 마디 **해도 괜찮을까요?**

제가 몇 가지 질문을 **해도 괜찮을까요?**

좀 둘러봐**도 괜찮을까요?**

제가 따라가**도 괜찮을까요?**

A 제가 질문 좀 드려도 실례가 안 될까요?
B 지금은 좀 그러네요. 나중에 제가 전화 드리는 게 어떨까요?
A 그러세요. 제 번호 아시죠?
B 네, 그럼요.

I need you to ~

I need you to trust me.

I need you to do me a favor.

I need you to listen to me.

I need you to tell me the truth.

Activity 음성을 들으며 대화를 나눠 보세요.

A Hey, Julie! What's up?

B Hi, Rick. **I need you to do me a favor**. You have a computer, right?

A Yeah, I have one in my room.

B Please get on the Internet and google 'Jack Cruise'.

상대방에게 뭔가를 해 달라고 부탁할 때 쓸 수 있는 패턴입니다. 「to」 뒤에 동사 이하의 내용을 붙여서 상대방이 해 주었으면 하는 내용을 언급하면 됩니다.

난 네가 ~해 줬으면 해

난 네가 나를 믿어 **줬으면 해**.

난 네가 부탁을 들어**줬으면 해**.

난 네가 내 말을 들어**줬으면 해**.

난 네가 진실을 말해 **줬으면 해**.

A 야, 줄리! 뭐 해?
B 안녕, 릭. 나 부탁이 있어. 너 컴퓨터 있지, 응?
A 어, 내 방에 있는데.
B 인터넷에 들어가서 '잭 크루즈' 좀 검색해 줘.

부탁하기

Chapter 19

요청
하기

091. 브라운 씨와 통화해도 될까요?
May I ~?
~해도 될까요?

092. 문을 열어 주시겠습니까?
Would you mind ~?
~해 주시겠습니까?

093. 도움이 필요하시면 알려 주세요.
Let me know if ~
~라면 알려 주세요

094. 가지 말아 주세요.
Please don't ~
~하지 말아 주세요

095. 설거지 하는 것을 도와드릴까요?
Can I help you ~?
~(하는) 것을 도와드릴까요?

May I ~?

May I speak to Mr. Brown?

May I borrow your book?

May I take your message?

May I take a picture of you?

Activity 음성을 들으며 대화를 나눠 보세요.

A Hello?
B Hello. **May I speak to Mr. Brown**?
A Speaking!
B Mr. Brown. How are you doing, sir?

상대방에게 정중하게 요청할 때 쓸 수 있는 패턴입니다. 좀 더 편한 사이거나 일반적인 상황에서는 조동사 「can」을 써서 「Can I ~?」 패턴으로 요청하는 경우가 많습니다.

~해도 될까요?

브라운 씨와 통화**해도 될까요?**

당신 책을 빌려**도 될까요?**

메모 남겨 드려**도 될까요?**

당신 사진을 찍어**도 될까요?**

A 여보세요?
B 여보세요. 브라운 씨랑 통화할 수 있나요?
A 전데요!
B 브라운 씨, 잘 지내시나요?

Would you mind ~?

Would you mind opening the door?

Would you mind turning off the TV?

Would you mind turning down the volume?

Would you mind giving us a moment alone?

Activity 음성을 들으며 대화를 나눠 보세요.

A **Would you mind turning down the volume**?
B Oh, I'm sorry! I didn't realize it was too loud.
A Thanks. I was trying to read in my room.
B Then, I'll just turn it off.

상대방에게 정중하게 요청할 때 쓸 수 있는 패턴입니다. 동사 「mind」는 뒤에 목적어로 동사 이하가 올 경우에는 반드시 「~ing」의 형태를 취해야 합니다.

~해 주시겠습니까?

문을 열어 **주시겠습니까?**

텔레비전 좀 꺼 **주시겠습니까?**

소리 좀 줄여 **주시겠습니까?**

잠시 자리 좀 비켜 **주시겠습니까?**

A 소리 좀 줄여 줄래요?
B 오, 미안해요! 그렇게 큰 줄 몰랐어요.
A 고마워요. 방에서 뭐 좀 읽으려고 했거든요.
B 그렇다면 그냥 꺼 버릴게요.

Let me know if ~?

Let me know if you need any help.

Let me know if you're interested.

Let me know if he bothers you again.

Let me know if there's a change.

Activity 음성을 들으며 대화를 나눠 보세요.

A Hi, can I help you?
B No, it's okay. I'm just looking.
A Okay. **Let me know if you need any help**.
B I will. Thank you.

상대방에게 어떤 상황의 여부를 알려달라고 요청할 때 쓰는 패턴입니다. 여기서 「if」는 '~라면'의 뜻으로, 뒤에 내가 알고 싶은 문장을 붙여서 말하면 됩니다.

~라면 알려 주세요

도움이 필요하시**면 알려 주세요.**

관심이 있으시**면 알려 주세요.**

그가 다시 당신을 괴롭히**면 알려 주세요.**

바뀌는 게 있으**면 알려 주세요.**

A 안녕하세요. 도와드릴까요?
B 아뇨, 괜찮아요. 그냥 구경하는 거예요.
A 알겠습니다. 도움이 필요하시면 부르세요.
B 그럴게요. 감사합니다.

Please don't ~

Please don't go.

Please don't say that.

Please don't do this.

Please don't get mad.

Activity 음성을 들으며 대화를 나눠 보세요.

A You think I'm dumb? I know you're lying to me.
B Okay. Here's the truth. **Please don't get mad**.
A I promise I won't.
B Well, actually I was not with Jenny. I was at the movies with Tom.

상대방에게 단도직입적으로 무언가를 하지 말라고 요청할 때 쓸 수 있는 패턴입니다. 「Please」를 써서 명령문의 강압적인 뉘앙스를 '~하지 말아 주세요'라는 부드러운 요청의 뉘앙스로 바꿔 줍니다.

~하지 말아 주세요

가**지 말아 주세요.**

그렇게 말**하지 말아 주세요.**

이러**지 말아 주세요.**

화내**지 말아 주세요.**

A 너 내가 멍청한 줄 아니? 너 거짓말하고 있는 거 다 알아.
B 알았어. 사실대로 말할게. 화내면 안 돼.
A 화 안 낸다고 약속할게.
B 그게, 실은 제니랑 있었던 게 아냐. 톰이랑 영화 봤어.

요청하기

Can I help you ~?

Can I help you with the dishes?

Can I help you with your homework?

Can I help you move this table?

Can I help you prepare for the dinner party?

Activity 음성을 들으며 대화를 나눠 보세요.

A You're a marvellous cook!
B I'm glad you enjoyed my food.
A **Can I help you with the dishes?**
B No, it's okay. I'll do them myself later. You want some coffee?

상대방에게 '도와줄까요?'라고 말하는 기초 회화 표현인 「Can I help you?」 뒤에 전치사 「with」와 함께 대상을 바로 언급해 주거나 또는 동사 이하의 내용을 패턴 뒤에 붙여서 말할 수 있습니다.

~(하는) 것을 도와드릴까요?

설거지하는 **것을 도와드릴까요?**

숙제하는 **것을 도와드릴까요?**

이 테이블 옮기는 **것을 도와드릴까요?**

저녁 파티 준비하시는 **것을 도와드릴까요?**

A 당신은 정말 대단한 요리사예요!
B 음식을 맛있게 드셔 주셔서 저도 기뻐요.
A 설거지 좀 도와드릴까요?
B 아뇨, 괜찮아요. 제가 나중에 할게요. 커피 좀 드릴까요?

Chapter 20
확신·
강한 추측
말하기

096. 난 그들이 올 거라고 확신해.
I'm sure ~
난 ~(라고) 확신해

097. 틀림없이 네 말이 맞을 거야.
I bet ~
틀림없이 ~ 거야

098. 그렇게 나쁠 리가 없어.
It can't be ~
~일 리가 없어

099. 당신은 분명 그의 형이군요.
You must be ~
당신은 분명 ~군요

100. 너 이거 살 수 있는 거 확실해?
Are you sure ~?
너 ~(인 거) 확실해?

I'm sure ~

I'm sure they will come.

I'm sure he will be fine.

I'm sure you can pull this off.

I'm sure you'll regret this.

Activity 음성을 들으며 대화를 나눠 보세요.

A   What are you doing out here?
B   Jack hasn't come home yet. I'm really worried about him.
A   **I'm sure he will be fine.** Did you try calling him?
B   Yeah, but he's not answering.

어떤 사실에 대해서 확신한다는 것을 나타낼 때 사용하는 패턴입니다. 확신의 내용은 패턴 뒤에서 문장으로 말하면 됩니다. 반면, 무언가에 대한 확신이 없을 때는 「I'm not sure ~」 패턴으로 말합니다.

난 ~(라고) 확신해

난 그들이 올 거라고 **확신해**.

난 그가 괜찮을 거라고 **확신해**.

난 네가 이 일을 해낼 수 있을 거라고 **확신해**.

난 네가 이 일을 후회할 거라고 **확신해**.

A 당신 밖에서 뭐하고 있어요?
B 잭이 아직 집에 안 왔어요. 너무 걱정돼서요.
A 괜찮을 거예요. 전화는 해 봤어요?
B 그럼요. 근데 안 받아요.

I bet ~

I bet you're right.

I bet you miss him a lot.

I bet you're popular with girls.

I bet it's because of Michael.

> Activity 음성을 들으며 대화를 나눠 보세요.

A How's your boyfriend doing in the army?
B He told me he's doing all right.
A **I bet you miss him a lot**.
B Yeah, I cry every night.

동사 「bet」은 '내기를 걸다'라는 뜻입니다. 즉, 어떤 일에 대해서 내가 자신 있게 내기를 걸 만큼 확신한다는 뜻을 전달할 때 쓸 수 있는 패턴입니다.

틀림없이 ~ 거야

틀림없이 네 말이 맞을 **거야**.

틀림없이 너는 그가 많이 그리울 **거야**.

틀림없이 넌 여자들에게 인기가 있을 **거야**.

틀림없이 그건 마이클 때문일 **거야**.

A 네 남친 군대에서 잘 지내고 있대?
B 잘 지내고 있다고 말했어.
A 걔가 많이 보고 싶겠다.
B 응. 매일 밤마다 울어.

pattern

It can't be ~

It can't be that bad.

It can't be true.

It can't be possible.

It can't be a coincidence.

Activity 음성을 들으며 대화를 나눠 보세요.

A I met the guy named Fred again. What a coincidence, huh?

B **It can't be a coincidence**.

A What do you mean?

B Don't you get it? The guy is stalking you!

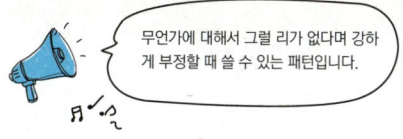

무언가에 대해서 그럴 리가 없다며 강하게 부정할 때 쓸 수 있는 패턴입니다.

~일 리가 없어

그렇게 나쁠 리가 없어.

사실일 리가 없어.

가능할 리가 없어.

우연일 리가 없어.

A 나 프레드라는 남자 또 만났어. 정말 우연의 일치지, 그지?
B 우연일 리가 없지.
A 무슨 소리야?
B 이해가 안 돼? 걔가 너 스토킹 하는 거야!

You must be ~

You must be his brother.

You must be disappointed.

You must be tired.

You must be hungry.

Activity ▶ 음성을 들으며 대화를 나눠 보세요.

A **You must be Mr. Jackson**. I'm Susan. I live over there.

B Oh, hello. Susan. It's nice to meet you.

A Nice to meet you, too. It's a beautiful day, isn't it?

B It is. Would you like to come in and have a cup of coffee?

조동사 「must」는 '~해야만 한다'는 의무 외에, '~임에 틀림없다'는 강한 추측의 뜻으로도 쓰입니다. 즉, 상대방이 어떤 상태나 신분이 틀림없다고 확신을 가질 때 쓸 수 있는 패턴입니다.

당신은 분명 ~군요

당신은 분명 그의 형이**군요.**

당신은 분명 실망했겠**군요.**

당신은 분명 피곤하겠**군요.**

당신은 분명 배고프겠**군요.**

A 당신이 잭슨 씨군요. 전 수잔이에요. 저 집에 살아요.
B 오, 안녕하세요, 수잔. 만나서 반가워요.
A 저도요. 날씨 참 좋죠, 그렇지 않나요?
B 그러네요. 들어오셔서 커피 한 잔 하실래요?

Are you sure ~?

Are you sure you can afford this?

Are you sure you're okay?

Are you sure you're free this weekend?

Are you sure this is a good idea?

Activity 음성을 들으며 대화를 나눠 보세요.

A I'm gonna buy this ring for my girlfriend.
B **Are you sure you can afford this**?
A I've got my mom's credit card.
B You know what? You're a terrible son.

상대방에게 어떤 사실이나 상황에 대해서 확신하는지를 물어볼 때 쓸 수 있는 패턴입니다. 「sure」 대신에 「certain」을 써서 질문해도 됩니다.

너 ~(인 거) 확실해?

너 이거 살 수 있는 거 **확실해?**

너 괜찮은 거 **확실해?**

너 이번 주말에 한가한 거 **확실해?**

너 이게 괜찮은 생각이라는 거 **확실해?**

A 여자친구에게 줄 이 반지 살 거야.
B 너 이거 살 수 있는 돈이 있어?
A 우리 엄마 신용카드 있거든.
B 그거 알아? 넌 정말 형편없는 아들이야.

Chapter 21

조언·
충고
말하기

101. 너 제 시간에 도착하는 게 좋을 거야.
You'd better ~
너 ~(하는 게) 좋을 거야

102. 너 행동을 조심해야 해.
You should ~
너 ~해야 해

103. 너 거기 가 봐야 후회(실망)할 거야.
You don't want to ~
너 ~해 봐야 후회(실망)할 거야

104. 너 그건 걱정할 필요 없어.
You don't have to ~
너 ~(할) 필요 없어

105. 너 이제 가 봐야 할 때가 됐어.
It's time for you to ~
너 ~(할) 때가 됐어

You'd better ~

You'd better arrive on time.

You'd better get going.

You'd better hurry.

You'd better not study with TV on.

Activity 음성을 들으며 대화를 나눠 보세요.

A I'm going to the market. You need something?
B Get me some coffee. I need to stay up all night.
A **You'd better not drink too much coffee.** Caffeine is not good for your health.
B I know. But without coffee, I can't stay awake.

상대방에게 '~하는 편이 낫다(좋다)'는 뜻으로 충고나 조언할 때 쓸 수 있는 패턴입니다. 부정의 의미로 상대방에게 '~하지 않는 편이 낫다(좋다)'라고 할 때는 「better」 뒤에 「not」을 붙여 「You'd better not ~」이라고 말하면 됩니다.

너 ~(하는 게) 좋을 거야

너 제 시간에 도착하는 게 **좋을 거야.**

너 가보는 게 **좋을 거야.**

너 서두르는 게 **좋을 거야.**

너 TV 켠 채로 공부하지 않는 게 **좋을 거야.**

A 나 마켓 갈 건데. 너 필요한 거 있어?
B 커피 좀 사다줘. 밤을 새야 하거든.
A 커피 그렇게 많이 마시지 않는 게 좋아. 카페인은 건강에 좋지 않다고.
B 나도 알아. 하지만, 커피가 없으면 깨어 있을 수가 없어.

You should ~

You should mind your manners.

You should go home now.

You should drive slowly.

You should see a doctor.

Activity 음성을 들으며 대화를 나눠 보세요.

A Hey, something happened?
B I got busted for speeding.
A Again? Seriously, **you should drive slowly**.
B I know. But I get excited when I get behind the wheel.

「You must ~」가 상대방에게 강압적으로 무언가를 해야 된다는 의무를 강요하는 반면에, 「You should ~」에는 상대방을 배려하고 걱정하며 무언가를 해야 한다는 조언·충고의 뉘앙스가 있습니다.

너 ~해야 해

너 행동을 조심**해야 해.**

너 지금 집에 가 **봐야 해.**

너 천천히 운전**해야 해.**

너 병원에 가 **봐야 해.**

A 야, 뭔 일 있어?
B 과속하다 걸렸어.
A 또? 진지하게 말하는데, 너 운전 좀 천천히 해야 해.
B 나도 알아. 하지만 운전대만 잡으면 흥분하게 돼.

You don't want to ~

You don't want to go there.

You don't want to hear the truth.

You don't want to be late for school.

You don't want to go out with him.

Activity 음성을 들으며 대화를 나눠 보세요.

A Wake up, sleepyhead. **You don't want to be late for school**.
B What time is it, mom?
A It's 10 past 8.
B What? Why didn't you wake me up earlier?

상대방이 어떤 상태를 계속 유지하거나 무언가를 하겠다고 고집을 피울 때, 그래 봤자 후회하거나 실망할 테니 그러지 말라고 충고하는 패턴입니다.

너 ~해 봐야 후회(실망)할 거야

너 거기 가 **봐야 후회(실망)할 거야.**

너 진실을 들어 **봐야 후회(실망)할 거야.**

너 학교에 지각해 **봐야 후회(실망)할 거야.**

너 걔랑 데이트 해 **봐야 후회(실망)할 거야.**

A 일어나. 잠꾸러기야. 학교 늦으면 안 되잖아.
B 지금 몇 시예요, 엄마?
A 8시 10분.
B 네? 왜 일찍 안 깨웠어요?

조언·충고 말하기 265

You don't have to ~

You don't have to worry about it.

You don't have to buy me a gift.

You don't have to call me again.

You don't have to be sorry for anything.

Activity 음성을 들으며 대화를 나눠 보세요.

A Look at the sky. It looks like it's going to rain.
B Yeah, the weather report said there would be showers in the afternoon.
A Oh, no. I didn't bring my umbrella.
B **You don't have to worry about it**. It said it would clear up in the evening.

상대방에게 '너 ~할 필요 없어'라는 뜻으로 조언이나 충고할 때 쓸 수 있는 패턴입니다. 「You don't need to ~」로 바꿔써도 무방합니다.

너 ~(할) 필요 없어

너 그건 걱정할 **필요 없어.**

너 내게 선물을 사 줄 **필요 없어.**

너 내게 다시 전화할 **필요 없어.**

너 아무것도 미안해 할 **필요 없어.**

A 하늘 좀 봐. 비가 올 것 같아.
B 응. 기상 예보에서 오후에 소나기 올 거라고 했어.
A 오, 이런. 나 우산 안 가져왔는데.
B 걱정할 필요 없어. 저녁 땐 다시 갠다고 했으니까.

It's time for you to~

It's time for you to go now.

It's time for you to go to bed.

It's time for you to grow up.

It's time for you to make a choice.

Activity 음성을 들으며 대화를 나눠 보세요.

A Guys! **It's time for you to go to bed**.
B But the movie is not over yet.
A You can watch the rest tomorrow. Now go brush your teeth.
B Okay, mom.

시간 상 이제는 무언가를 해야 한다고 조언할 때 쓸 수 있는 패턴입니다. 「It's time to ~(~할 때가 됐어)」라고 해도 되고, 대상을 명확하게 말할 때는 「for + 대상」을 넣어서 「It's time for you to ~」라고 말할 수 있습니다.

너 ~(할) 때가 됐어

너 이제 가 봐야 할 **때가 됐어.**

너 자러 갈 **때가 됐어.**

너 철들 **때가 됐어.**

너 선택을 할 **때가 됐어.**

A 얘들아! 너희들 잠 잘 시간이야.
B 하지만 영화가 아직 안 끝났어요.
A 나머지는 내일 보면 되잖니. 이제 가서 이 닦아.
B 알았어요, 엄마.

Chapter 22
의향·
결심
말하기

106. 너 도전을 받아들일 의향이 있니?

Are you willing to ~?

너 ~(할) 의향이 있니?

107. 난 결코 너를 잊지 않을 거야.

I'll never ~

난 결코 ~하지 않을 거야

108. 차 좀 드시겠어요?

Would you care for ~?

~하시겠어요?

109. 나 그에게 전화하지 않기로 결심했어.

I decided not to ~

나 ~하지 않기로 결정했어

110. 나 출발할 준비가 됐어.

I'm ready to ~

나 ~(할) 준비가 됐어

Are you willing to ~?

Are you willing to accept the challenge?

Are you willing to give up everything for her?

Are you willing to take that chance?

Are you willing to believe in God?

> Activity 음성을 들으며 대화를 나눠 보세요.
>
> A Do you really love her?
> B Yes, she's my everything.
> A **Are you willing to give up everything for her**?
> B Of course. Even my life.

「be willing to」는 '~할 의향이 있다'라는 뜻입니다. 즉, 「Are you willing to ~?」는 상대방에게 무언가를 할 마음이나 의향이 있는지를 물어볼 때 쓸 수 있는 패턴입니다.

너 ~(할) 의향이 있니?

너 도전을 받아들일 **의향이 있니?**

너 그녀를 위해서 모든 걸 포기할 **의향이 있니?**

너 그 위험을 감수할 **의향이 있니?**

너 신을 믿을 **의향이 있니?**

A 너 진짜 그녀를 사랑해?
B 그럼. 그녀는 내 모든 것이야.
A 그녀를 위해서 모든 걸 포기할 수 있어?
B 당연하지. 내 삶까지도.

I'll never ~

I'll never forget you.

I'll never speak to you again.

I'll never make the same mistake twice.

I'll never believe anything you say.

Activity 음성을 들으며 대화를 나눠 보세요.

A Guess what? I shook hands with Kim, Tae-hee.
B Are you serious?
A Yeah, I bumped into her at the coffee shop. **I'll never wash my hands again**.
B You lucky bastard!

앞으로 어떤 일을 절대 하지 않겠다는 결심을 말할 때 사용하는 패턴입니다. 반면에 항상 무언가를 하겠다는 결심을 말할 때는 「never」 대신에 「always」를 써서 「I'll always ~」로 말하면 됩니다. cf) I'll always remember you. 난 항상 널 기억할게.

난 결코 ~하지 않을 거야

난 **결코** 너를 잊**지 않을 거야**.

난 **결코** 너랑 다시는 말**하지 않을 거야**.

난 **결코** 같은 실수를 두 번 **하지 않을 거야**.

난 **결코** 네가 하는 어떤 말도 믿**지 않을 거야**.

A 있잖아. 나 방금 김태희랑 악수했어.
B 진짜야?
A 응. 커피숍에서 그녀랑 마주쳤거든. 다시는 손 안 씻을 거야.
B 이 운 좋은 놈!

Would you care for ~?

Would you care for some tea?

Would you care for some breakfast?

Would you care for a dance?

Would you care for a glass of wine?

Activity 음성을 들으며 대화를 나눠 보세요.

A **Would you care for a glass of wine**?
B That would be lovely.
A Is there anything else you need?
B Could you please get me some more peanuts?

상대방에게 권유할 때 쓸 수 있는 패턴입니다. 「Would you」는 생략하고 간단히 「Care for ~?」라고 해도 됩니다.

~하시겠어요?

차 좀 드**시겠어요?**

아침 좀 드**시겠어요?**

춤추**시겠어요?**

와인 한 잔 하**시겠어요?**

A 와인 한 잔 드릴까요?
B 네, 주세요.
A 다른 필요한 건 없으세요?
B 땅콩 좀 더 가져다주시겠어요?

I decided not to ~

I decided not to call him.

I decided not to take the test.

I decided not to go to church.

I decided not to join the club.

Activity 음성을 들으며 대화를 나눠 보세요.

A You're going to take the TOEIC test this month, right?
B Actually, **I decided not to take the test**.
A Why not?
B I just think I'm not ready yet. I think I should study more.

동사 「decide」는 '결정하다, 결심하다'라는 뜻입니다. 뒤에 「to +동사」를 붙여서 구체적으로 무엇을 하기로 결심했는지를 말할 수 있지요. 하지만 「to」 앞에 부정의 의미로 「not」을 붙이게 되면 '~하지 않기로 결심했다'는 뜻이 됩니다.

나 ~하지 않기로 결심했어

나 그에게 전화**하지 않기로 결심했어.**

나 시험을 보**지 않기로 결심했어.**

나 교회에 가**지 않기로 결심했어.**

나 그 클럽에 가입**하지 않기로 결심했어.**

A 너 이번 달에 토익 시험 보지, 그치?
B 사실 안 보기로 결정했어.
A 왜?
B 아직 준비가 안 된 것 같아. 공부를 좀 더 해야 할 것 같아.

의향·결심 말하기 279

I'm ready to ~

I'm ready to roll.

I'm ready to work with them.

I'm ready to make a deal.

I'm ready to go with you now.

Activity
음성을 들으며 대화를 나눠 보세요.

A Do you still have feelings for Mike?

B No, I got over him. **I'm ready to move on**.

A Good, then, I'll set you up with one of my friends.

B Really? What's he like?

「I'm ready」는 '내가 준비가 됐다'는 뜻입니다. 구체적으로 무엇을 하기 위한 준비가 되었는지를 뒤에 「to + 동사」 이하의 내용으로 말하면 됩니다.

나 ~(할) 준비가 됐어

나 출발할 **준비가 됐어**.

나 그들과 같이 일할 **준비가 됐어**.

나 흥정을 할 **준비가 됐어**.

나 이제 너와 함께 갈 **준비가 됐어**.

A 너 아직도 마이크한테 감정 있어?
B 아냐, 잊었어. 나도 다시 시작해야지.
A 잘됐다. 그럼 내 친구 중에 한 명 소개팅시켜 줄게.
B 진짜? 어떤 앤데?

Chapter 23
계획 말하기

111.
나 그녀에게 데이트 신청할 거야.

I'm gonna ~

나 ~할 거야

112.
나 소파에서 자지 않을 거야.

I'm not gonna ~

나 ~ 하지 않을 거야

113.
너 회사에 있어야 하는 거 아니야?

Aren't you supposed to ~?

너 ~해야 하는 거 아니야?

114.
너 하루 종일 여기에 서 있을 계획이니?

Are you planning to ~?

너 ~할 계획이니?

115.
이번 주말에 뭐 계획 있니?

Got any plans for ~?

~ 뭐 계획 있어?

I'm gonna ~

I'm gonna ask her out.

I'm gonna go on a diet.

I'm gonna cut down on snacks.

I'm gonna make her happy.

Activity 음성을 들으며 대화를 나눠 보세요.

A **I'm gonna cut down on snacks.**
B Why? Are you going on a diet?
A Yeah, I've gained some weight over the last few weeks.
B Really? You look the same to me.

가까운 미래에 확실하게 할 행동에 대해서 말할 때 쓸 수 있는 패턴입니다. 「gonna」는 「going to」의 약자이며, 「be going to」는 '~할 것이다'라는 미래의 예정을 나타냅니다.

나 ~할 거야

나 그녀에게 데이트 신청**할 거야**.

나 다이어트 **할 거야**.

나 군것질을 줄**일 거야**.

나 그녀를 행복하게 만들어 **줄 거야**.

A 간식을 줄여야겠어.
B 왜? 다이어트 하게?
A 응. 지난 몇 주간 살이 쪘거든.
B 진짜? 똑같아 보이는데.

계획 말하기

I'm not gonna ~

I'm not gonna sleep on the couch.

I'm not gonna have dinner with him.

I'm not gonna say a word.

I'm not gonna wear that dress for the dance party.

Activity 음성을 들으며 대화를 나눠 보세요.

A Have you ever tried dog meat?
B Dog meat? No! That sounds horrible!
A It's delicious! Why don't you try it? You're gonna like the taste of it.
B Trust me. **I'm not gonna like it**.

내가 무언가를 하지 않을 거라고 확고하게 부정할 때 쓸 수 있는 패턴입니다. 앞서 배운 「I'm gonna ~」 패턴의 부정형입니다.

나 ~ 하지 않을 거야

나 소파에서 자**지 않을 거야**.

나 그와 저녁 먹**지 않을 거야**.

나 한 마디도 하**지 않을 거야**.

나 댄스파티에 그 드레스 입**지 않을 거야**.

A 개고기 먹어본 적 있어?
B 개고기? 아니! 끔찍하다!
A 맛있어! 한번 먹어 보지 그래! 좋아할 거야.
B 장담하는데, 난 안 좋아할걸.

계획 말하기

Aren't you supposed to ~?

Aren't you supposed to be at work?

Aren't you supposed to say something?

Aren't you supposed to be studying?

Aren't you supposed to be in Seoul?

> Activity   음성을 들으며 대화를 나눠 보세요.

A   Jack, what are you doing? **Aren't you supposed be in bed**?

B   I was hungry. I couldn't go to sleep.

A   Are you making a sandwich?

B   Yup, you want some?

「be supposed to」는 '~하기로 되어 있다'는 예정을 나타내는 표현입니다. 즉, 「Aren't you supposed to~」는 상대방에게 일정이나 계획 상 무언가를 하지 않기로 되어있냐고 확인할 때 '너 ~해야 하는 거 아니야?'라는 뜻으로 쓸 수 있는 패턴입니다.

너 ~해야 하는 거 아니야?

너 회사에 있어**야 하는 거 아니야?**

너 뭔가 말을 해**야 하는 거 아니야?**

너 공부하고 있어**야 하는 거 아니야?**

너 서울에 있어**야 하는 거 아니야?**

A 잭, 너 뭐하니? 잠잘 시간 아냐?
B 배고파서요. 잘 수가 없었어요.
A 샌드위치 만들고 있는 거니?
B 네. 좀 드릴까요?

계획 말하기 289

Are you planning to ~?

Are you planning to stand here all day?

Are you planning to spend the night here?

Are you planning to marry her?

Are you planning to study abroad?

Activity
음성을 들으며 대화를 나눠 보세요.

A **Are you planning to stand here all day?**
B Yeah. I really need to talk to Susan.
A What if she doesn't show up?
B She will show up.

「plan to」는 '~을 할 계획이다'라는 뜻입니다. 상대방에게 지금 '너 ~할 계획이니?'라고 현재 진행 시제로 물어볼 때 쓸 수 있는 패턴입니다.

너 ~할 계획이니?

너 하루 종일 여기에 서 있을 **계획이니?**

너 여기서 밤을 보낼 **계획이니?**

너 그녀와 결혼할 **계획이니?**

너 외국에서 공부할 **계획이니?**

A 너 하루 종일 여기 서 있을 거야?
B 응. 나 꼭 수잔이랑 얘기해야 해.
A 그녀가 나타나지 않으면 어쩌려고?
B 올 거야.

Got any plans for ~?

Got any plans for this weekend?

Got any plans for Valentines day?

Got any plans for the holidays?

Got any plans for New Year's Eve?

Activity 음성을 들으며 대화를 나눠 보세요.

A **Got any plans for the weekend**?
B No, nothing special. What about you?
A Well, I plan to go fishing. Why don't you join me?
B That would be great!

상대방에게 어떤 특정한 날에 '~할 계획이 있어?'라고 물을 때 쓸 수 있는 패턴입니다. 원래는 「Have you got any plans for ~?」 패턴이지만 줄여서 「Got any plans for ~?」라고 쓸 수 있습니다.

~ 뭐 계획 있어?

이번 주말에 **뭐 계획 있어?**

밸런타인데이에 **뭐 계획 있어?**

휴가 때 **뭐 계획 있어?**

새해 전날에 **뭐 계획 있어?**

A 주말에 뭐 계획 있어?
B 아니, 특별한 거 없어. 넌?
A 난 낚시가려고 해. 너도 같이 가는 게 어때?
B 그러면 좋지!

계획 말하기

Chapter 24

경험
말하기

116. 너 그것에 대해서 들어 본 적 있니?
Have you ever ~?
너 ~(해) 본 적 있니?

117. 난 결코 다른 누구를 사랑해 본 적 없어.
I've never ~
난 결코 ~(해) 본 적 없어

118. 나 계속 네 생각을 해 왔어.
I've been ~
나 계속 ~(을) 해 왔어

119. 우리가 마지막으로 본 지 얼마나 됐지?
How long has it been since ~?
~한 지 얼마나 됐지?

120. 너 얼마나 오래 이곳에서 일했니?
How long have you been ~?
너 얼마나 오래 ~했니?

Have you ever ~?

Have you ever heard of it?

Have you ever been to Paris?

Have you ever cheated while in a relationship?

Have you ever been in love?

Activity 음성을 들으며 대화를 나눠 보세요.

A **Have you ever been to Paris?**
B Actually, I was born there.
A Really? But you speak perfect English.
B That's because I moved to New York when I was 6.

상대방에게 무언가를 해 본 경험이 있는지 여부를 물을 때 쓰는 패턴입니다. 동사를 현재 완료형인 「have + pp」로 표현하면 '~한 적이 있다'는 경험을 나타낼 수 있습니다.

너~(해) 본 적 있니?

너 그것에 대해서 들어 **본 적 있니?**

너 파리에 가 **본 적 있니?**

너 사귀는 중에 바람 펴 **본 적 있니?**

너 사랑에 빠져 **본 적 있니?**

A 너 파리에 가 본 적 있어?
B 실은, 나 거기서 태어났어.
A 진짜? 하지만 너 영어를 완벽하게 하잖아.
B 그건 내가 여섯 살 때 뉴욕으로 이사를 왔기 때문이야.

pattern

I've never ~

I've never loved anyone else.

I've never been in trouble before.

I've never had more fun in my life.

I've never been to Europe before.

Activity 음성을 들으며 대화를 나눠 보세요.

A What are you drinking?
B It's a special herb tea. It's for my sore throat.
A **I've never had a sore throat**. Does it hurt a lot?
B Sometimes it hurts a lot. That's why I drink this tea.

단 한 번도 무언가를 해 본 경험이 없을 때 쓸 수 있는 패턴입니다. 현재 완료 시제로 표현되어야 하기 때문에 「never」 뒤에는 동사를 「과거분사(pp)」 형태로 나타내야 합니다.

난 결코 ~(해) 본 적 없어

난 결코 다른 사람을 사랑해 **본 적 없어.**

난 결코 전에 곤경에 빠졌**던 적 없어.**

난 결코 내 인생에서 더 즐거웠**던 적 없어.**

난 결코 전에 유럽에 가 봤**던 적 없어.**

A 뭐 마셔?
B 특별한 허브티야. 목 아픈 데 먹는 거야.
A 난 목이 아파 본 적 없는데. 많이 아프니?
B 가끔 엄청 아플 때가 있어. 그래서 이 차를 마시는 거야.

I've been ~

I've been thinking about you.

I've been studying English these days.

I've been working on this project for a week.

I've been living with Tom for a month.

Activity 음성을 들으며 대화를 나눠 보세요.

A **I've been working on this project for a week**.
B Are you gonna work late again tonight?
A Yeah, I think so.
B I feel sorry for you.

「have been +동사 ~ing」는 현재 완료 시제의 계속적 용법으로, 과거의 어느 한 시점부터 지금에 이르기까지 동작이 지속적으로 진행될 때 사용합니다.

나 계속 ~(을) 해 왔어

나 계속 네 생각을 **해 왔어.**

나 계속 요즘 영어 공부를 **해 왔어.**

나 계속 일주일 동안 이 프로젝트를 **해 왔어.**

나 계속 한 달째 톰과 같이 살아 **왔어.**

A 나 일주일째 이 프로젝트를 하고 있어.
B 오늘 밤도 야근해야 해?
A 응, 그럴 것 같아.
B 너 참 안 됐다.

경험 말하기

How long has it been since ~?

How long has it been since we last saw each other?

How long has it been since you last had a boyfriend?

How long has it been since you last went fishing?

How long has it been since you got married to Tom?

Activity 음성을 들으며 대화를 나눠 보세요.

A **How long has it been since you and Tom broke up**?
B About a year, I guess.
A Wow, time really flies. You don't have a boyfriend now, do you?
B No, I'm comfortable being single.

어떤 사건이 있은 후로 현재까지 시간이 얼마나 흘렀는지 알고 싶을 때 쓸 수 있는 패턴입니다. 이 질문에 대한 완전한 대답은 보통 「It has been + 시간 + since ~」로 하면 됩니다.

~한 지 얼마나 됐지?

우리가 마지막으로 본 지 **얼마나 됐지?**

너 마지막으로 남자친구랑 사귄 지 **얼마나 됐지?**

너 마지막으로 낚시하러 간 지 **얼마나 됐지?**

너 톰과 결혼한 지 **얼마나 됐지?**

A 톰이랑 깨진 지 얼마나 됐지?
B 1년 정도 됐을 걸.
A 와, 시간 진짜 빠르구나. 지금은 남친 없지, 그지?
B 없어. 혼자인 게 편해.

경험 말하기 303

pattern

How long have you been ~?

How long have you been working here?

How long have you been talking on the phone?

How long have you been waiting?

How long have you been seeing her?

Activity 음성을 들으며 대화를 나눠 보세요.

A I'm really sorry I'm late. I got caught up in the traffic.
B Don't worry. It's okay.
A **How long have you been waiting?**
B I got here about 10 minutes ago.

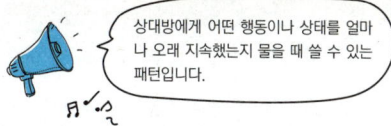

상대방에게 어떤 행동이나 상태를 얼마나 오래 지속했는지 물을 때 쓸 수 있는 패턴입니다.

너 얼마나 오래 ~했니?

너 얼마나 오래 이곳에서 일**했니?**

너 얼마나 오래 통화**했니?**

너 얼마나 오래 기다린 거**니?**

너 얼마나 오래 그녀와 사귄 거**니?**

A 늦어서 정말 미안해. 차가 너무 막혀서.
B 걱정 마. 괜찮아.
A 얼마나 기다렸어?
B 10분 전쯤에 왔어.

Chapter 25

기대
말하기

121. 난 여름방학을 고대하고 있어.
I'm looking forward to ~
난 ~(하길) 고대하고 있어

122. 난 곧 널 보길 바라.
I hope to ~
난 ~(하길) 바라(하고 싶어)

123. 그러지 않길 바라자.
Let's hope ~
~(이길) 바라자

124. 넌 행복해질 자격이 있어.
You deserve to ~
넌 ~(할) 자격이 있어

125. 난 네가 그렇게 말할 줄 알고 있었어.
I knew you would ~
난 네가 ~(할) 줄 알고 있었어

I'm looking forward to ~

I'm looking forward to summer vacation.

I'm looking forward to her call.

I'm looking forward to meeting him.

I'm looking forward to going on a vacation.

Activity 음성을 들으며 대화를 나눠 보세요.

A You're so busy these days.
B Yeah, this month has been so hectic for me.
   I'm looking forward to going on a vacation.
A Sounds like you got some special plans prepared.
B I'm gonna take a trip to Japan with my girlfriend.

무언가를 계속 고대하거나 기대하고 있음을 나타낼 때 쓸 수 있는 패턴입니다. 여기서 「to」는 전치사로, 뒤에는 기대하는 대상을 명사나 동사 ~ing 형태로 말해야 합니다.

난 ~(하길) 고대하고 있어

난 여름방학을 **고대하고 있어**.

난 그녀의 전화를 **고대하고 있어**.

난 그를 만나기를 **고대하고 있어**.

난 휴가 가기를 **고대하고 있어**.

A 너 요즘 너무 바쁘다.
B 응, 이번 달은 정말 바쁘게 지냈어. 휴가만 기다리고 있지.
A 준비해 둔 특별한 계획이라도 있나봐.
B 여자친구랑 일본 여행 갈 거야.

I hope to ~

I hope to see you soon.

I hope to see you guys next year.

I hope to spend some time with my son.

I hope to open my own restaurant.

Activity 음성을 들으며 대화를 나눠 보세요.

A Your birthday is coming up, right?
B Yeah, it's this Friday.
A What present do you want to get?
B Well, **I hope to get a bike**.

실현 가능한 어떤 내용을 바라고 희망할 때 쓸 수 있는 패턴입니다. 「I hope」 뒤에 「to + 동사」의 형태로 바라는 내용을 언급하면 됩니다.

난 ~(하길) 바라(하고 싶어)

난 곧 널 보길 **바라.**

난 너희들을 내년에 보길 **바라.**

난 내 아들과 시간을 보내길 **바라.**

난 내 식당을 열기를 **바라.**

A 내 생일 다가오네, 맞지?
B 응, 이번 주 금요일이야.
A 선물로 뭐 받고 싶어?
B 음, 자전거 받고 싶어.

기대 말하기

Let's hope ~

Let's hope not.

Let's hope he's right.

Let's hope our names are not on the list.

Let's hope the weather's good.

Activity 음성을 들으며 대화를 나눠 보세요.

A The board is planning to lay off more than 50 people this year.

B So I've heard.

A In this economy, it's not gonna be easy to find a new job.

B **Let's hope our names are not on the list**.

바라는 상황을 말하며 그렇게 되길 바라자고 말할 때 쓸 수 있는 패턴입니다. 관용표현인 「Let's hope so.」와 「Let's hope not.」을 기억하고 그 외에는 바라는 상황을 뒤에 붙여서 말하면 됩니다.

~(이길) 바라자

그러지 않길 **바라자**.

그의 말이 맞기를 **바라자**.

우리 이름이 명단에 없기를 **바라자**.

날씨가 좋기를 **바라자**.

A 이사회가 올해 50명도 넘는 직원을 해고할 계획이래.
B 나도 들었어.
A 이런 경제 상황이라면, 새 직업을 구하는 것도 어려울 거야.
B 우리 이름이 명단에 없기를 바라자.

You deserve to ~

You deserve to be happy.

You deserve to take a break.

You deserve to succeed.

You deserve to be loved.

Activity 음성을 들으며 대화를 나눠 보세요.

A Are you and Jane like a thing now?
B Yeah, kind of.
A Alright, if that's what you want. **You deserve to be happy**.
B Thanks. So do you.

동사 「deserve」는 '~할 자격이 있다'는 뜻입니다. 무엇을 할 자격이 있는지는 「deserve」 뒤에 「to + 동사」 형태로 붙여서 말하면 됩니다.

넌 ~(할) 자격이 있어

넌 행복해질 **자격이 있어**.

넌 휴식을 취할 **자격이 있어**.

넌 성공할 **자격이 있어**.

넌 사랑 받을 **자격이 있어**.

A 제인이랑 지금 사귀는 거야?
B 응, 그런 것 같아.
A 그래, 그게 네가 원하는 거라면, 넌 행복해질 자격이 있으니까.
B 고마워. 너도 그래.

I knew you would~

I knew you would say that.

I knew you would react this way.

I knew you would eventually change your mind.

I knew you would not let me down.

Activity 음성을 들으며 대화를 나눠 보세요.

A   I won the first prize in the contest.
B   Congratulations! **I knew you would get a good result**.
A   Thank you. It was all thanks to you.
B   Oh, come on. Don't be modest.

앞서 배웠던 '감사·칭찬'의 「I knew you could ~」와 유사한 패턴입니다. 조동사 「could」 대신에 「would」를 넣으면 상대방의 행동을 미리 알고 있었다고 할 때 쓸 수 있습니다.

난 네가 ~(할) 줄 알고 있었어

난 네가 그렇게 말할 **줄 알고 있었어**.

난 네가 이렇게 반응할 **줄 알고 있었어**.

난 네가 결국은 네 맘을 바꿀 **줄 알고 있었어**.

난 네가 날 실망시키지 않을 **줄 알고 있었어**.

A 나 대회에서 1등 했어.
B 축하해! 좋은 결과를 받을 줄 알았어.
A 고마워. 다 네 덕분이야.
B 별말을 다 한다. 겸손해 하기는.

기대 말하기

Chapter 26
소문·소식 말하기

126. 뉴스에서 온통 그 얘기뿐이야.
It's all over ~
~(에서) 온통 그 얘기뿐이야

127. 너 꽤 인기 있다고 하던데.
I hear ~
~(라고) 하던데

128. 네가 파티 광이라는 소문이 있어.
Rumor has it ~
~(라는) 소문이 있어

129. 그가 바람을 피우고 있다는 게 사실이니?
Is it true ~?
~(라는 게) 사실이니?

130. 사람들이 그곳이 아름다운 곳이라고들 하더군요.
People say ~
사람들이 ~(라고들) 하더군요

It's all over ~

It's all over the news.

It's all over the radio.

It's all over the Internet.

It's all over the neighborhood.

Activity 음성을 들으며 대화를 나눠 보세요.

A There was a bus crash up the road.
B Really?
A Yeah, **It's all over the news**. About 12 people died.
B Oh, no. How tragic!

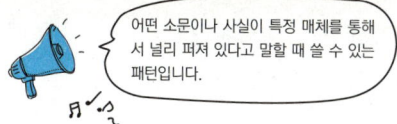
어떤 소문이나 사실이 특정 매체를 통해서 널리 퍼져 있다고 말할 때 쓸 수 있는 패턴입니다.

~(에서) 온통 그 얘기뿐이야

뉴스에서 **온통 그 얘기뿐이야.**

라디오에서 **온통 그 얘기뿐이야.**

인터넷에서 **온통 그 얘기뿐이야.**

동네에서 **온통 그 얘기뿐이야.**

A 도로에서 버스 충돌사고가 있었어.
B 진짜?
A 응. 뉴스에서 온통 그 얘기뿐이야. 열두 명 정도 죽었대.
B 오, 이런. 끔찍하다!

I hear ~

I hear you're quite popular.

I hear you don't want to cooperate.

I hear you're a specialist.

I hear he got fired.

Activity 음성을 들으며 대화를 나눠 보세요.

A **I hear you're quite popular.**
B I don't know. I just get along with anybody.
A Even with geeks and nerds?
B Yeah, why not?

사실 여부와 관계없이 자신이 들은 내용을 언급하며 '내가 듣기론 ~라던데'라는 말을 할 때 쓸 수 있는 패턴입니다. '~라고 들었어'라고 할 때는 「I heard ~」라고 하면 됩니다.

~(라고) 하던데

너 꽤 인기 있다고 **하던데.**

네가 협조하길 원치 않는다고 **하던데.**

네가 전문가라고 **하던데.**

그가 해고당했다고 **하던데.**

A 너, 꽤 인기 좋다며.
B 나도 몰라. 그냥 아무하고나 다 잘 어울리는 것뿐이야.
A 괴짜랑 범생이들 하고도?
B 그럼, 당연하지.

소문·소식 말하기

Rumor has it ~

Rumor has it you're a party animal.

Rumor has it you were involved in the accident.

Rumor has it she's a spy.

Rumor has it Mike is going out with Sylvia.

> Activity 음성을 들으며 대화를 나눠 보세요.

A **Rumor has it she's stepping down.**
B Really? Who's gonna take her place?
A I hear it's gonna be Mr. Johnson.
B What? I guess he's well-connected.

소문은 영어로 「rumor」인데, 「Rumor has it ~」은 '~라는 소문이 있어'라고 말할 때 쓸 수 있는 패턴입니다. 「it」 뒤에는 소문의 내용을 말하면 됩니다. 이 패턴은 「There's a rumor that ~」으로 바꿔 말해도 됩니다.

~(라는) 소문이 있어

네가 파티 광이라는 **소문이 있어.**

네가 그 사고에 연루되었다는 **소문이 있어.**

그녀가 스파이라는 **소문이 있어.**

마이크가 실비아와 사귄다는 **소문이 있어.**

A 그녀가 자리에서 물러날 거라는 소문이 있던데.
B 진짜? 그럼 그 자리는 누가 맡는데?
A 존슨 씨가 맡을 거라던데.
B 뭐? 그 사람 회사에 연줄이 많나 보네.

Is it true ~?

Is it true he's having an affair?

Is it true he's a friend of yours?

Is it true your dad is a famous singer?

Is it true you no longer work there?

Activity 음성을 들으며 대화를 나눠 보세요.

A **Is it true your mom is a famous singer?**
B Yes. Do you know Madonna? That's my mom.
A Get out! You for real? Can you get me her autograph?
B I'll think about it.

어떠한 소문이 돌고 있다면 그 소문의 사실 여부를 확인해야겠죠? 바로 이 경우에 쓸 수 있는 패턴입니다. 「true」 뒤에 확인하고 싶은 내용을 문장으로 붙여서 말하면 됩니다.

~(라는 게) 사실이니?

그가 바람을 피우고 있다는 게 **사실이니?**

그가 네 친구 중 하나라는 게 **사실이니?**

네 아버지가 유명한 가수라는 게 **사실이니?**

너 거기서 더 이상 일하지 않는다는 게 **사실이니?**

A 너희 엄마가 유명한 가수라는 게 사실이야?
B 응. 마돈나라고 알아? 우리 엄마야.
A 말도 안 돼! 진짜로? 사인 좀 받아줄 수 있어?
B 생각해 볼게.

People say ~

People say it's a beautiful place.

People say I look like Brad Pitt.

People say that's just a myth.

People say you fell in love with him.

> Activity 음성을 들으며 대화를 나눠 보세요.
>
> A Who do you think you resemble?
> B I don't know, but **people say I look like Brad Pitt**.
> A What? Who says that?
> B Everybody!

다수의 사람들이 무언가에 대해서 말한다고 언급하여 내용의 신빙성을 덧붙여 주고자 할 때 쓸 수 있는 패턴입니다. 「People」 대신에 불특정 다수를 뜻하는 대명사 「They」를 써도 됩니다.

사람들이 ~(라고들) 하더군요

사람들이 그곳이 아름다운 곳이라고들 **하더군요**.

사람들이 제가 브래드 피트를 닮았다고들 **하더군요**.

사람들이 그건 그냥 꾸며낸 이야기라고들 **하더군요**.

사람들이 당신이 그와 사랑에 빠졌다고들 **하더군요**.

A 너 누구 닮은 거 같아?
B 몰라. 근데 사람들이 브래드 피트 닮았다더라.
A 뭐? 누가 그런 말을 해?
B 사람들 모두!

소문·소식 말하기

Chapter 27
상황 설명하기

131. 귀신 같은 건 없어.
There's no such thing as ~
~ 같은 건 없어

132. 난 그 사건과 아무 상관없어.
I have nothing to do with ~
난 ~와 아무 상관없어

133. 그녀가 결백하다는 것이 밝혀졌어.
It turned out that ~
~(라는 것이) 밝혀졌어

134. 그는 절대 그런 짓을 할 사람이 아니야.
He's the last person to ~
그는 절대 ~(할) 사람이 아냐

135. 두 번째 계획은 무슨!
So much for ~
~(은) 무슨!

There's no such thing as ~

There's no such thing as ghosts.

There's no such thing as a free lunch.

There's no such thing as miracles.

There's no such thing as Santa Claus.

Activity 음성을 들으며 대화를 나눠 보세요.

A **There's no such thing as Santa Clause.**
B You're lying!
A I'm telling you the truth. It's mom and dad who leave gifts under the Christmas tree.
B I don't believe you.

이 세상에 어떤 특정 대상과 같은 것은 존재하지 않는다고 말할 때 쓸 수 있는 패턴입니다. 노벨경제학상을 수상한 밀턴 프리드먼이 기회비용을 설명하기 위해 「There's no such thing as a free lunch.(세상에 공짜란 없다)」라고 말하기도 했죠.

~ 같은 건 없어

귀신 **같은 건 없어.**

공짜 점심 **같은 건 없어.**

기적 **같은 건 없어.**

산타클로스 **같은 건 없어.**

A 산타클로스 같은 건 없어.
B 거짓말하지 마!
A 진실을 말해 주는 거야. 크리스마스트리 밑에 선물을 놔두는 건 엄마 아빠라고.
B 네 말 안 믿어.

pattern

I have nothing to do with ~

I have nothing to do with the incident

I have nothing to do with this company.

I have nothing to do with this murder case.

I have nothing to do with that woman.

Activity 음성을 들으며 대화를 나눠 보세요.

A Did you do this?
B **I have nothing to do with it**.
A Roony, you'd better tell me the truth.
B I really didn't do it. I swear.

발생한 어떤 상황 또는 누군가와 자신은 아무런 관련이 없음을 말할 때 쓰는 패턴입니다. 반대로 자신이 관련되었다면 「nothing」 대신에 「something」을 넣어서 「I have something to do with ~」라고 말하면 됩니다.

난 ~와 아무 상관없어

난 그 사건과 **아무 상관없어.**

난 이 회사와 **아무 상관없어.**

난 이 살인사건과 **아무 상관없어.**

난 저 여자와 **아무 상관없어.**

A 네가 이랬니?
B 전 상관없는 일이에요.
A 루니, 사실대로 말하는 게 좋을 거야.
B 제가 정말 안 그랬어요. 맹세해요.

상황 설명하기

It turned out ~

It turned out she was innocent.

It turned out she was not pregnant.

It turned out he was a married man.

It turned out there was something wrong with the modem.

Activity ▶ 음성을 들으며 대화를 나눠 보세요.

A Why did Jane dump her boyfriend?
B **It turned out that he was a married man**.
A Really? What a pig!
B Thank god she found it out before it was too late.

「turn out」은 '~임이 밝혀지다(드러나다)'라는 뜻인데, 「It turned out ~」은 어떤 정황이 드러났을 때 이를 설명하기 위해서 쓸 수 있습니다.

~(라는 것이) 밝혀졌어

그녀가 결백하다는 것이 **밝혀졌어.**

그녀가 임신한 게 아니라는 것이 **밝혀졌어.**

그가 유부남이란 게 **밝혀졌어.**

모뎀에 뭔가 문제가 있었다는 게 **밝혀졌어.**

A 제인은 남친 왜 찼대?
B 그 남자가 유부남이더라고.
A 진짜? 완전 몹쓸 놈이다!
B 더 늦기 전에 알아낸 게 천만다행이지.

상황 설명하기

He's the last person to ~

He's the last person to do such a thing.

He's the last person to tell a lie.

He's the last person to cheat on me.

He's the last person to be friends with.

Activity   음성을 들으며 대화를 나눠 보세요.

A   Do you think he's cheating on her?
B   No, **he's the last person to do such a thing**.
A   What makes you so sure?
B   Because we've been friends since childhood. I know him inside and out.

절대로 무언가를 할 사람이 아니라고 할 때 쓸 수 있는 패턴입니다. 직역하면 '~을 할 지구상의 마지막 사람'인데, 그만큼 그런 짓을 할 사람이 절대로 아니란 의미겠죠.

그는 절대 ~(할) 사람이 아냐

그는 절대 그런 짓을 할 **사람이 아냐.**

그는 절대 거짓말을 할 **사람이 아냐.**

그는 절대 바람피울 **사람이 아냐.**

그는 절대 친구가 될 만한 **사람이 아냐.**

A 걔가 그녀 두고 바람피우는 것 같아?
B 아냐. 걘 그런 일 할 애가 절대 아니야.
A 어떻게 그렇게 확신하는데?
B 우린 어릴 때부터 친구였다고. 걘 내가 잘 알아.

So much for ~!

So much for Plan B!

So much for fate!

So much for our head start!

So much for my happy ending!

Activity 음성을 들으며 대화를 나눠 보세요.

A Not again! We're screwed.
B Damn it! **So much for Plan B!**
A What should we do now?
B I don't know. You tell me.

기대했던 상황이 있지만 그것이 잘 안 됐을 때, '~ 무슨, ~은 글렀어'라는 뜻으로 쓰는 패턴입니다. 체념 또는 일이 잘 풀리지 않은 것에 대한 짜증의 뉘앙스를 담고 있습니다.

~(은) 무슨!

두 번째 계획은 **무슨!**

운명은 **무슨!**

선수 치기는 **무슨!**

행복한 결말은 **무슨!**

A 또 이러다니! 우린 망했어.
B 젠장! 두 번째 계획은 무슨!
A 우리 이제 어쩌지?
B 모르겠어. 네가 말해 봐.

Chapter 28
경고 · 금지 말하기

136. 여기에 주차할 생각하지도 마.
Don't even think about ~
~(은) 생각하지도 마

137. 다시는 내게 전화하지 마.
Don't you ever ~
다시는 ~하지 마

138. 너 네 결정을 후회하게 될 거야.
You'll regret ~
너 ~ 후회하게 될 거야

139. 너 이 사무실에서 담배를 피워서는 안 돼.
You're not allowed to ~
너 ~해서는 안 돼

140. 너 그런 식으로 떠나면 안 되지.
You can't just ~
너 ~하면 안 되지

Don't even think about ~

Don't even think about parking here.

Don't even think about getting married.

Don't even think about lying to me.

Don't even think about going there.

Activity 음성을 들으며 대화를 나눠 보세요.

A That's your sister? She's hot!
B **Don't even think about it**.
A What are you talking about? Think about what?
B I know what you're thinking. Just don't!

상대방에게 어떤 것은 생각조차도 하지 말라고 강하게 경고할 때 쓸 수 있는 패턴입니다. 「about」은 전치사이므로 뒤에는 명사나 동사 ~ing로 말을 이어주면 됩니다.

~(은) 생각하지도 마

여기에 주차할 **생각하지도 마.**

결혼하려는 **생각하지도 마.**

내게 거짓말하려는 **생각하지도 마.**

거기 갈 **생각하지도 마.**

A 쟤가 네 여동생이야? 완전 섹시하다!
B 꿈도 꾸지 마.
A 뭔 소리 하는 거야? 뭘 꿈도 꾸지 말라고?
B 네가 무슨 생각하는지 다 알아. 하지 마!

pattern

Don't you ever ~ again

Don't you ever call me **again**.

Don't you ever do that **again**.

Don't you ever speak to me **again**.

Don't you ever come back here **again**.

Activity 음성을 들으며 대화를 나눠 보세요.

A Mrs. Brown, please, Let me see Susan.
B **Don't you ever come near my daughter again.**
A Please, Mrs. Brown. I love your daughter.
B My daughter is too good for some losers like you.

상대방에게 어떠한 행동이나 말을 하지 말라고 반복해서 경고할 때 쓸 수 있는 패턴입니다. 「Don't you ~?」는 의문문 패턴으로, '너 ~하지 않니?'라는 뜻도 있으므로 혼동하지 않도록 합니다. cf) Don't you love him? 너 그를 사랑하지 않니?

다시는 ~하지 마

다시는 내게 전화**하지 마.**

다시는 그런 짓 **하지 마.**

다시는 내게 말 걸**지 마.**

다시는 여기에 돌아오**지 마.**

A 브라운 씨, 제발요, 수잔을 볼 수 있게 해 주세요.
B 내 딸 근처에 다신 얼씬도 하지 말거라.
A 제발요, 브라운 씨. 당신 딸을 사랑해요.
B 내 딸은 너 같은 놈한텐 너무 과분한 여자야.

You'll regret ~

You'll regret your decision.

You'll regret saying no.

You'll regret breaking up with him.

You'll regret not listening to us.

Activity 음성을 들으며 대화를 나눠 보세요.

A You're fired.
B What? You can't fire me like this!
A Yes, I can, because I'm your boss.
B **You'll regret this**.

동사 「regret」은 '후회하다, 유감으로 생각하다'라는 뜻이 있습니다. 상대방이 부당하거나 옳지 않은 행동 또는 말을 했을 때 이를 경고하기 위해서 쓸 수 있는 패턴이지요. 여기서 동사 「regret」 뒤에는 목적어로 명사나 동사 ~ing가 와야 합니다.

너 ~ 후회하게 될 거야

너 네 결정을 **후회하게 될 거야.**

너 거절한 걸 **후회하게 될 거야.**

너 그와 헤어진 걸 **후회하게 될 거야.**

너 우리 말 듣지 않은 걸 **후회하게 될 거야.**

A 당신 해고야.
B 뭐라고요? 이런 식으로 해고하실 순 없어요!
A 할 수 있지, 내가 당신 상관인데.
B 후회하실 거예요.

You're not allowed to ~

You are not allowed to smoke in this office.

You are not allowed to be here.

You are not allowed to go in there.

You are not allowed to bring food in here.

Activity 음성을 들으며 대화를 나눠 보세요.

A Sir, **you're not allowed to smoke in here**.
B Why not?
A Because this is a smoke-free building.
B Oh, I'm sorry. I didn't know that.

「be allowed to」는 '~하는 것이 허락되다'라는 뜻입니다. 즉, 상대방이 무언가 용인되지 않는 행동이나 말을 했을 때, 그렇게 해서는 안 된다는 경고, 충고의 뜻으로 쓰는 패턴입니다.

너 ~해서는 안 돼

너 이 사무실에서 담배를 피워**서는 안 돼**.

너 여기 있어**서는 안 돼**.

너 그곳에 들어가**서는 안 돼**.

너 여기에 음식을 가져와**서는 안 돼**.

A 여기서 담배를 피우시면 안 됩니다.
B 왜요?
A 여긴 금연 빌딩이에요.
B 오, 죄송해요. 몰랐어요.

You can't just ~

You can't just walk away like that.

You can't just sit there all day.

You can't just change your mind.

You can't just cancel at the last minute.

Activity 음성을 들으며 대화를 나눠 보세요.

A The appointment's been cancelled.
B What? **You can't just cancel at the last minute**.
A I'm sorry, but there's nothing I can do.
B This is bullshit.

사전에 특별한 상의나 협의 없이 독단적으로 무언가 결정을 내려 행동하려는 상대방에게 그렇게 하지 말라는 뜻으로 쓸 수 있는 패턴입니다.

너 ~하면 안 되지

너 그런 식으로 떠나**면 안 되지**.

너 거기 하루 종일 앉아 있으**면 안 되지**.

너 마음을 바꿔 버리**면 안 되지**.

너 막판에 취소해 버리**면 안 되지**.

A 약속이 취소됐어.
B 뭐? 그렇게 막판에 취소하면 안 되지.
A 미안. 내가 할 수 있는 게 없어.
B 이건 정말 말도 안 돼.

… Chapter 29

습관 말하기

141. 난 보통 1시에 점심을 먹어요.
I usually ~
난 보통 ~해요

142. 난 예전에 술을 많이 마셨어.
I used to ~
난 예전에 ~했어

143. 난 이 음식이 익숙하지 않아.
I'm not used to ~
난 ~(이) 익숙하지 않아

144. 난 새로운 동료들에게 적응해 가고 있어.
I'm getting used to ~
난 ~(에) 적응해 가고 있어

145. 허리 똑바로 펴고 앉는 습관을 들여.
Make it a habit to ~
~(하는) 습관을 들여

I usually ~

I usually have lunch at 1.

I usually go for a drink after work.

I usually leave work after 7.

I usually go fishing on Sunday.

Activity 음성을 들으며 대화를 나눠 보세요.

A How do you go to work?
B **I usually drive to work**, but sometimes I carpool.
A You don't take the subway?
B No, I don't like it at all because there are too many people.

부사 「usually」는 '보통, 일반적으로'라는 뜻입니다. 그러므로 자신이 취하는 행동이나 동작 등의 잦은 빈도를 설명할 때, 「I usually ~」 패턴을 통해서 말할 수 있습니다.

난 보통 ~ 해요

난 보통 1시에 점심을 먹어**요.**

난 보통 일 끝나고 한 잔 하러 가**요.**

난 보통 7시 지나서 퇴근**해요.**

난 보통 일요일에 낚시하러 가**요.**

A 어떻게 출근해?
B 보통은 운전해서 가는데, 가끔 다른 사람 차 얻어 타기도 해.
A 지하철 타지 않고?
B 아니, 사람이 너무 많아서 싫어.

습관 말하기

I used to ~

I used to drink a lot.

I used to like her very much.

I used to dream about becoming a singer.

I used to run a company with 50 people.

Activity 음성을 들으며 대화를 나눠 보세요.

A You've been to Tokyo, right?
B Yeah, actually, **I used to live there**.
A My boyfriend and I are going to visit there this summer.
B Really? Then, I can recommend good places to go.

과거에는 그랬지만 지금은 더 이상 그렇지 않은 상황을 말할 때 쓸 수 있는 패턴입니다. 「to」 뒤에는 동사원형으로 그 내용을 언급해 주면 됩니다.

난 예전에 ~했어

난 예전에 술을 많이 마**셨어.**

난 예전에 그녀를 굉장히 많이 좋아**했어.**

난 예전에 가수가 되는 꿈을 **꿨어.**

난 예전에 직원이 50명인 회사를 운영**했어.**

A 도쿄에 가 보신 적 있죠, 그렇죠?
B 네, 실은 거기에 살았어요.
A 올 여름에 남자친구랑 거기에 가려고 하거든요.
B 그래요? 그렇다면, 가 볼 곳들을 추천해 드려야겠군요.

습관 말하기

I'm not used to ~

I'm not used to this food.

I'm not used to this kind of atmosphere.

I'm not used to asking for help.

I'm not used to dating guys.

Activity 음성을 들으며 대화를 나눠 보세요.

A I'll be going out with Tom tomorrow and, I'm so nervous.

B Relax. It's not like you're taking a test or something.

A I know, but **I'm not used to dating guys**.

B Just try to be yourself, okay?

「be used to + 동사 ~ing / 명사」는 '~하는 데 익숙하다'라는 뜻입니다. 이를 부정하려면 「I'm not used to + 동사 ~ing / 명사」의 형태로 만들면 됩니다.

난 ~(이) 익숙하지 않아

난 이 음식이 **익숙하지 않아.**

난 이런 종류의 분위기에 **익숙하지 않아.**

난 도움을 청하는 게 **익숙하지 않아.**

난 남자들과 데이트하는 게 **익숙하지 않아.**

A 나 내일 톰하고 데이트하기로 했는데, 너무 떨려.
B 진정해. 시험 같은 거 보는 것도 아닌데 뭘 그래.
A 나도 알아. 근데 남자랑 데이트하는 게 익숙하지 않단 말이야.
B 그냥 너답게 행동해, 알았지?

I'm getting used to ~

I'm getting used to my new colleagues.

I'm getting used to being alone.

I'm getting used to getting up early in the morning.

I'm getting used to having breakfast.

Activity 음성을 들으며 대화를 나눠 보세요.

A You must be the new guy, right?
B Yup, I started working here about a week ago.
A I see. So, how do you like new job?
B It's great. Also, **I'm getting used to my new colleagues**.

앞서 배웠던 「be used to」 패턴에서 「be」 대신에 「get」 동사를 쓰면 '~에 익숙해지다, ~에 적응하다'라는 뜻이 됩니다. 즉, 「I'm getting used to ~」는 적응된 상태가 아닌, 현재 적응 중임을 설명할 때 쓸 수 있습니다.

난 ~(에) 적응해 가고 있어

난 새로운 동료들에게 **적응해 가고 있어**.

난 혼자 있는 것에 **적응해 가고 있어**.

난 아침 일찍 일어나는 것에 **적응해 가고 있어**.

난 아침식사 하는 것에 **적응해 가고 있어**.

A 신입이로군요. 그렇죠?
B 맞아요. 일주일 전쯤에 근무 시작했어요.
A 그렇군요. 그래, 새 일이 어때요?
B 좋아요. 새 동료들에게도 익숙해지고 있고요.

Make it a habit to ~

Make it a habit to sit up straight.

Make it a habit to speak English every day.

Make it a habit to live on less than you earn.

Make it a habit to exercise regularly.

Activity 음성을 들으며 대화를 나눠 보세요.

A What do I need to do to lose weight?
B First, **make it a habit to exercise regularly**.
A And what else?
B Eat less.

상대방에게 어떤 습관을 들이라며 충고할 때 쓸 수 있는 패턴입니다. 「to + 동사」의 형태로 습관을 들여야 할 내용을 말하면 됩니다.

~(하는) 습관을 들여

허리 똑바로 펴고 앉는 **습관을 들여.**

매일 영어로 말하는 **습관을 들여.**

버는 것보다 덜 쓰며 사는 **습관을 들여.**

규칙적으로 운동하는 **습관을 들여.**

A 살을 빼려면 뭘 해야 해요?
B 우선, 규칙적으로 운동하는 습관을 들여요.
A 그리고 또 뭐요?
B 적게 먹으면 돼.

Chapter 30

당부 말하기

146. 꼭 현관문 잠그도록 하세요.
Be sure to ~
꼭 ~ 하세요

147. 그 서류 제출하는 거 꼭 확인해.
Make sure ~
~ 꼭 확인해

148. 제 시간에 도착하는 거 잊지 마.
Don't forget to ~
~(하는 거) 잊지 마

149. 걱정하지 않도록 해 봐.
Try not to ~
~하지 않도록 해 봐

150. 제 가방 좀 봐 주세요.
Please keep an eye on ~
~ 좀 봐 주세요

Be sure to ~

Be sure to lock the front door.

Be sure to drive carefully.

Be sure to give me a call in the afternoon.

Be sure to take an umbrella with you.

Activity 음성을 들으며 대화를 나눠 보세요.

A Mom, I'm going out.
B **Be sure to take an umbrella with you**.
A But it doesn't look like it's going to rain today.
B Trust me. You'll need it.

「I'm sure.」는 '난 확신해'라는 뜻입니다. 반대로 상대방에게 명령문 형태로 「Be sure!」라고 한다면 무언가를 '확실히 해!'라는 뜻이 되는데, 뒤에 「to」 이하의 내용을 붙여서 구체적인 사항을 말하면 됩니다.

꼭 ~하세요

꼭 현관문을 잠그도록 **하세요.**

꼭 조심해서 운전하도록 **하세요.**

꼭 오후에 내게 전화하도록 **하세요.**

꼭 우산 들고 가도록 **하세요.**

A 엄마, 저 가요.
B 우산 꼭 가져가거라.
A 오늘 비 올 것 같지 않아 보이는데요.
B 엄마 말 들어. 필요할 거야.

Make sure ~

Make sure to submit the paperwork.

Make sure to turn off the gas.

Make sure (that) the windows are locked.

Make sure (that) your name is on your paper.

Activity. 음성을 들으며 대화를 나눠 보세요.

A Are you ready to go?
B Yeah, I'm all set.
A **Make sure the windows are locked**.
B I've checked them twice. Now, let's go.

「Be sure ~」 패턴과 비슷하게 상대방에게 '~을 꼭 확인해'라는 뜻을 전달할 때 「Make sure ~」를 쓸 수 있습니다. 꼭 확인해야 할 내용은 「to」 이하나 문장을 붙여서 말하면 됩니다.

~ 꼭 확인해

그 서류 제출하는 거 **꼭 확인해**.

가스 잠그는 거 **꼭 확인해**.

창문들이 잠겼는지 **꼭 확인해**.

시험지에 이름 썼는지 **꼭 확인해**.

A 갈 준비됐니?
B 네. 준비됐어요.
A 창문 모두 잠겼는지 꼭 확인해.
B 두 번이나 확인했어요. 이제 가요.

Don't forget to ~

Don't forget to arrive on time.

Don't forget to take your pill.

Don't forget to pick up the dry cleaning.

Don't forget to warm up before you exercise.

Activity 음성을 들으며 대화를 나눠 보세요.

A Are you going to the gym?
B Yup. I won't be back until 7.
A All right. Hey, **don't forget to warm up before you exercise**.
B I'll keep that in mind.

상대방에게 '~하지 마'라고 말할 때는 「Don't + 동사」 패턴을 씁니다. 「forget to」는 '~하는 것을 잊다'라는 뜻인데, 앞에 「Don't」를 붙임으로써 '~하는 것을 잊지 마'라는 당부의 뜻을 나타낼 수 있습니다.

~(하는 거) 잊지 마

제 시간에 도착하는 거 **잊지 마**.

약 먹는 거 **잊지 마**.

드라이클리닝한 거 찾아오는 거 **잊지 마**.

운동하기 전에 몸 푸는 거 **잊지 마**.

A 너 헬스장 가는 거야?
B 응, 7시 이후에나 돌아올 거야.
A 알았어. 운동하기 전에 몸 푸는 거 잊지 마.
B 명심할게.

Try not to ~

Try not to worry.

Try not to be so trusting.

Try not to mess things up.

Try not to look so disappointed.

Activity 음성을 들으며 대화를 나눠 보세요.

A This is your last chance. **Try not to mess things up**.
B I won't.
A You know, everyone is counting on you.
B I won't let them down.

「try to ~」는 '~하기 위해 노력하다'라는 뜻인데, 「try not to ~」라고 하면 '~하지 않기 위해 노력하다'라는 반대의 뜻이 됩니다. 상대방에게 무언가를 하지 말라고 당부할 때 쓸 수 있는 패턴입니다.

~하지 않도록 해 봐

걱정하**지 않도록 해 봐.**

너무 사람을 믿**지 않도록 해 봐.**

일을 망치**지 않도록 해 봐.**

너무 실망한 듯 보이**지 않도록 해 봐.**

A 이번이 자네의 마지막 기회야. 일을 망치지 않도록 해 봐.
B 그러지 않을 겁니다.
A 알고 있겠지만, 모두가 자네를 믿고 있네.
B 그들을 실망시키지 않을게요.

Please keep an eye on ~

Please keep an eye on my bag.

Please keep an eye on my spot.

Please keep an eye on my kids.

Please keep an eye on my laptop.

Activity 음성을 들으며 대화를 나눠 보세요.

A **Please keep an eye on my house** while I'm away.
B No problem. When are you coming back?
A I'll be back tomorrow evening.
B Got it. Have a safe trip.

「keep an eye」는 '눈을 유지하다'라는 뜻입니다. 이 뒤에 전치사 「on」과 함께 어떤 대상을 언급하게 되면 그것을 지켜봐 달라, 다시 말해 '~좀 봐 주세요' 라는 뜻이 됩니다.

~좀 봐 주세요

제 가방 **좀 봐 주세요.**

제 자리 **좀 봐 주세요.**

제 아이들 **좀 봐 주세요.**

제 노트북 **좀 봐 주세요.**

A 내가 떠나 있는 동안 우리 집 좀 봐 주세요.
B 그럴게요. 언제 돌아와요?
A 내일 저녁에 돌아올 거예요.
B 알겠어요. 조심히 다녀와요.